DEDICATÓRIA

Dedico este livro à memória dos meus pais, Manoel e Cida, que estariam vibrando por mim pela conquista de me tornar uma escritora.

Cada um de um jeito, eles me ensinaram a amar a leitura e a escrita. Ver meu pai todos os dias em seu intervalo de almoço, com os óculos baixos, concentrado em suas leituras de faroeste, acendeu em mim uma curiosidade pelos livros desde cedo; e deitar no colo da minha mãe para ouvir histórias fantásticas, de monstros ou princesas, assombrações ou pessoas de carne e osso, me fez acreditar nas boas narrativas e nas boas conversas.

Dedico também às pessoas mais importantes da minha vida, as que estão sempre ao meu lado e são meu farol, direcionando todas as minhas escolhas e ações. Amo vocês, meu esposo Laudo e meus filhos, Sofia e Tiago.

Cibele Costa

Literare Books INTERNATIONAL
BRASIL · EUROPA · USA · JAPÃO

CADA PALAVRA IMPORTA

Prefácio: ARTHUR BENDER

COMO AUMENTAR A PERCEPÇÃO DE VALOR DAS MARCAS, GERAR CONEXÕES PROFUNDAS E POTENCIALIZAR OS RESULTADOS COM O BRANDING VERBAL

Presidente do conselho:
Maurício Sita

Presidente:
Alessandra Ksenhuck

Vice-presidentes:
Cláudia Pires e Julyana Rosa

Diretora de projetos:
Gleide Santos

Coordenadora editorial:
Amanda Moura

Assistentes editoriais:
Júlia Almeida e Lui Navarro

Capa e projeto gráfico:
Gabriel Uchima

Diagramação:
Candido Ferreira Jr.

Preparação:
Juliana Cury

Revisão:
Josué Dantas e Letícia Pataquine

Impressão:
Paym

Dados Internacionais de Catalogação na Publicação (CIP)
(Câmara Brasileira do Livro, SP, Brasil)

Costa, Cibele
Cada palavra importa / Cibele Costa. -- São Paulo : Literare Books International, 2024.

ISBN 978-65-5922-911-6

1. Branding (Marketing) 2. Comunicação 3. Palavras I. Título.

24-218674 CDD-302.2

Índices para catálogo sistemático:

1. Comunicação 302.2

Eliane de Freitas Leite - Bibliotecária - CRB 8/8415

Literare Books International.
Alameda dos Guatás, 102 – Saúde– São Paulo, SP.
CEP 04053-040
Fone: +55 (0**11) 2659-0968
site: www.literarebooks.com.br
e-mail: literare@literarebooks.com.br

FSC www.fsc.org
MISTO
Papel produzido a partir de fontes responsáveis
FSC® C133282

AGRADECIMENTOS

Eu sempre soube que escreveria e publicaria o meu livro, mas não sabia o quanto de energia, tempo, compromisso e esforço seriam necessários para ele acontecer. Por isso, agradeço imensamente a muita gente que esteve ao meu lado ou me incentivou, de um jeito ou de outro, para que esse projeto se tornasse real.

Pelo apoio de sempre, pelo incentivo, até pelas críticas às minhas (não poucas) ideias mais descabidas e também pelo amor e companheirismo ao longo de todos esses anos, agradeço ao meu marido Laudo.

Por me manterem na busca constante por ser uma pessoa melhor a cada dia para ser a mãe que merecem, agradeço aos meus filhos amados, Sofia e Tiago. Sem vocês, nem sei quem eu seria.

Se não fosse por uma conversa on-line de apenas uma hora que serviu para abrir um clarão à minha frente, descortinando coisas sobre minha trajetória que eu era incapaz de enxergar, talvez eu tivesse procrastinado este livro por mais alguns bons anos. Obrigada pelo direcionamento e pela generosidade de escrever o prefácio, querido professor Arthur Bender.

Se não fosse pela prontidão em revisar um livro inacabado com a missão acessória de me provocar para terminar os últimos capítulos depois de um longo período de "branco criativo", talvez este livro não estivesse agora em suas mãos. Obrigada à minha primeira revisora e incentivadora, Juliana Cury.

Por me receber tão bem, acreditar na riqueza deste conteúdo e também pela rapidez com que encaminharam os processos para viabilizar a publicação desta obra, agradeço a toda a equipe da Editora Literare, especialmente à Gleide, Júlia e Julyana.

A todas as pessoas citadas neste livro, meu muito obrigada. Vocês fizeram parte da minha história e agora fazem parte das histórias contadas aqui.

E eu não poderia deixar de agradecer, por fim, aos meus clientes, mentorados e alunos. Ao longo dos anos, minha percepção sobre o poder das palavras e das narrativas só ficou mais aguçada porque eu me empenhei em resolver as questões que vocês me traziam e me fez buscar por respostas que as elucidassem. Sem vocês, este livro não existiria.

A todos, muito obrigada!

SUMÁRIO

PREFÁCIO

Quando eu conheci a brilhante escritora Cibele Costa numa sessão de mentoria, de cara, me intrigou o nome da sua empresa: "Pedra Palavra". Uma expressão de marca significativa e que diz muito sobre o fazer de quem trabalha textos com o espírito de joalheiro, lapidando e transformando pedra bruta em diamante. E a empatia foi imediata. Tinha algo ali que nos ligava profundamente em nossos fazeres. O viver de lapidar significados para as marcas em palavras.

Eu, muitas vezes, me apresento não com o currículo tradicional, mas dizendo que posso ser resumido em três verbos: ler, escrever e falar. E que eles descrevem a minha vida em todas as minhas atividades profissionais. Afinal, planejar marcas é um exercício maravilhoso de contar histórias. É dar significado a organizações, instituições, produtos, serviços e pessoas a partir de narrativas. E nessa paixão, nossas histórias profissionais se conectam.

Prefaciar um livro é sempre uma honra e uma grande alegria, mas também um desafio. Devorar um original e apresentar o tema sem interferir na lógica do autor, mas, ao mesmo tempo, não fugir para margens seguras, se esquivando do seu conteúdo.

É um exercício de se permitir envolver-se com a tese. Experimentá-la como um explorador crítico e privilegiado. Entregar-se à reflexão. Sentir e viver a obra ora como leitor crítico, ora como um partícipe. Coadjuvante envolvido com a história desse filho que não nasceu ainda e que só ganhará personalidade e valor quando estiver nas mentes do seu leitor. Você.

E é difícil se isentar da tese da Cibele Costa. Identidade verbal é um conceito poderoso, estratégico e extremamente oportuno nestes nossos tempos de pasteurização da comunicação com o uso raso de soluções com IA generativa e da óbvia precarização dos significados de marca que tornam os mercados cada vez mais competitivos, mais áridos, mais obcecados por performance, por atalhos, soluções mágicas e sucessos instantâneos.

E esse contexto torna a comunicação das marcas cada vez mais chata e inócua. Paisagem monótona e mais ruído em nossas mentes. Textos cheios de gatilhos mentais, que subestimam a nossa inteligência, e armadilhas em cada linha, engatilhadas como armas para tentar vender mais rápido e que se esgotam em si nas suas fórmulas mágicas. Mandam pelo ralo os investimentos, criando dependência de mídia e tráfego pago para não construir nada. Não criam nem perpetuam relacionamentos com seus públicos, o que deveria ser o objetivo maior das marcas.

E, dessa forma preguiçosa, tornam a comunicação vazia de significado. Esforço que esgota investimentos e que não emociona, não toca, não constrói diferenciação e valor e, por isso, não cumpre o mais sagrado fundamento do branding: criar desigualdade entre coisas aparentemente iguais.

E você pode estar se perguntando: como resgatar essa essência do branding criando um significado poderoso para as marcas?

Talvez você não tenha ainda tido a oportunidade de cruzar com a expressão identidade verbal ou branding verbal. Mas se houver algum estranhamento na sua mente, reflita sobre a expressão bíblica: "no princípio era o verbo" e você vai entender.

Pois desde os tempos mais remotos e primitivos, sobrevivemos como espécie a partir da palavra. Foi a contação de histórias em torno de fogueiras à noite que permitiu o compartilhamento dos meios de sobrevivência da humanidade nos seus primórdios, permitiu ao homem dividir medos e anseios, perpetuar soluções aos descendentes, fortalecer laços fraternos e senso de coletivo, transmitir princípios e valores, construir culturas e nos tornar seres mais humanos.

Todos somos resultados dessas histórias impregnadas em nossas mentes. Somos todos resultado e parte viva da narrativa que nos sustenta hoje como sociedade. Assim como, em última instância, somos todos as histórias que contamos para nós mesmos.

E este livro muito especial da Cibele Costa é um convite para você embarcar numa viagem rica de reflexões sobre o poder transformador da identidade verbal no branding. Sobre o poder das narrativas de permitir criar conexões sólidas, valiosas e sustentáveis entre marcas e seus públicos. Sobre o poder transformador das palavras de descrever propósitos e criar significados para as marcas, permitindo que elas se tornem maiores e mais valiosas que seus produtos e serviços.

Palavras com capacidade de estabelecer laços em torno de ideias, de líderes e de pessoas como eu e você. Palavras capazes de dar sentido, de emocionar, de multiplicar, de impulsionar, de transformar.

Nesta obra, você encontrará os fundamentos que embasam a tese da identidade verbal e muitos exemplos baseados em marcas icônicas que a gente consome, se identifica, se relaciona e não racionaliza o porquê dessa ligação forjada com palavras. Exemplos que facilitam a compreensão dos fundamentos e que trazem um colorido especial a cada página explorada.

Confesso que peguei os originais para ler e que os devorei num ato só. Fui levado capítulo a capítulo. Página a página. Exemplo a exemplo. Arrastado pela fluidez da escrita e pela curiosidade em aprender mais sobre esse conceito. Não consegui mais parar de ler. E confesso também que a tese me tocou profundamente como profissional.

Espero que o mesmo aconteça com você. E que você se beneficie na sua prática com o desafio de fazer branding com excelência, com maestria, como deve ser. E que você saia transformado pela força da tese como aconteceu comigo. E, quem sabe, se torne mais um apaixonado pelo poder da narrativa no branding, pela força da criação de propósitos e de significados. Pela beleza e pela magia do fazer transformador através das palavras. Porque cada palavra importa.

Boa leitura. Boas reflexões. Boas transformações.

Arthur Bender

Palestrante, escritor, mentor, criador do conceito de *personal* branding no Brasil.

PARA MARCAS QUE QUEREM FALAR MENOS E DIZER MAIS...

Chega mais perto e contempla as palavras.
Cada uma tem mil faces secretas sob a face neutra
e te pergunta, sem interesse pela resposta,
pobre ou terrível, que lhe deres:
Trouxeste a chave?
– "Procura da poesia", Carlos Drummond de Andrade

Uma advertência antes que você passe para a próxima linha: este não é um livro para covardes. Sim, isso mesmo.

É preciso existir ao menos uma fagulha de coragem para que as palavras que você vai ler aqui tenham valor e sejam transformadoras para a sua carreira ou para o seu negócio.

Quando digo coragem, é coragem de olhar para dentro, para fora e ao redor.

Coragem para mexer em coisas que talvez não sejam confortáveis, já que "sempre foi assim e tem funcionado assim". Mas será que está funcionando *mesmo*?

E é preciso, principalmente, coragem para verbalizar o que você vai encontrar nessa escavação, um processo que vamos passar em cada capítulo deste livro.

Branding verbal – o processo de busca e encontro da identidade verbal – é, até agora, pouco conhecido ou falado, mas importantíssimo na gestão de toda marca, seja ela pessoal ou empresarial. Os designers que me perdoem, mas, sem palavras, não tem visual bonito que sustente um negócio.

E, veja bem, visual e verbal são uma dupla infalível para a comunicação quando estão alinhados. Só que o verbal vem antes. No princípio, é o verbo! Ponto final.

Porém, para que a identidade verbal cumpra o papel de diferenciar uma marca das outras pelas palavras, de tornar a comunicação reconhecível e apaixonante e até de inventar mercados – o famoso oceano azul[1] –, tem um passo que vem antes: é necessária uma base sólida, construída tijolo por tijolo sobre o alicerce do famoso *posicionamento*. E é aí que chegamos, mais uma vez, na coragem.

Para se posicionar e rasgar o verbo sobre a marca que você está construindo ou gerindo, será preciso valentia. Ninguém se posiciona nem se diferencia acreditando, fazendo, sendo ou dizendo o mesmo que todo mundo. Posicionar-se é ter a audácia de furar a bolha, a ousadia de romper padrões, o olhar de lince para encontrar uma lacuna no mercado e a rapidez para ocupar esse lugar. E, mais que tudo, coragem para defender a plenos pulmões, com voz e verbo, esse espaço na mente das pessoas.

Mudar se for preciso. Questionar todo o tempo. E sustentar o posicionamento encontrado por meio de palavras firmes e sólidas.

Se você tem a coragem necessária, está pronto para continuar lendo as próximas páginas – e eu prometo que a sua comunicação vai mudar muito!

Esteja preparado para se conectar com seus públicos como nunca antes. Para ver como o negócio que você está desenvolvendo vai se tornar cada vez mais autêntico, apaixonante, incomparável e sustentável ao longo do tempo.

Tudo isso com apenas uma coisa: o poder das palavras. Essas mesmas, que são a chave para todo o entendimento. Em todos os momentos. Em todos os lugares.

Vamos nessa? A quem tem coragem, boa leitura!

---

1 *A estratégia do oceano azul* (Sextante, 2019), um livro de W. Chan Kim e Renée Mauborgne que ensina técnicas empreendedoras para criar oportunidades de negócio nas quais a concorrência – o oceano vermelho, repleto de tubarões – é irrelevante ou não existe, e as empresas têm total liberdade para inovar.

PARTE 1

DE ONDE VEM O PODER DAS PALAVRAS?

INTRODUÇÃO: PALAVRAS SÃO ATIVOS DE MARCA E EU POSSO PROVAR

Faltavam poucos dias para o Natal. Não lembro muito bem qual era o ano, mas eu ainda acreditava no Papai Noel. Sempre amei aquela atmosfera mágica de fim de ano e a empolgação, misturada com ansiedade, pela incerteza do presente que ganharia no dia 25 de dezembro.

Eu me recordo com muitos detalhes de um ano específico (*ou será que foram vários anos e eu estou misturando as memórias?*), em que passei praticamente o mês inteiro organizando meu plano infalível de criança. A ideia era espalhar bilhetes coloridos pela casa toda, em cada canto possível, para que o bom velhinho pudesse ler minhas palavras por onde quer que ele andasse. Usei folhas em branco que sobraram dos cadernos escolares que não seriam mais usados, já que o ano letivo tinha acabado. Nem o saco de pão e os blocos de anotações do meu pai conseguiram escapar.

Usei canetinhas coloridas, lápis comum, lápis de cor, giz de cera... E escrevi com todo o capricho possível a frase "Não esqueça a minha Caloi" em dezenas, talvez centenas, de papéis. A ordem, bem imperativa mesmo, era sempre acompanhada do desenho de uma bicicleta rosa com cestinha de flores no guidão – a popular Caloi Ceci – e com várias estrelas e corações vermelhos em volta.

Minha mãe tinha uma paciência sem tamanho. Até incentivava o meu delírio infantil, mesmo sabendo que eu não ganharia o presente que tanto queria: "Quem sabe no ano que vem?".

Se você foi criança nos anos 1980 ou 1990, sabe do que estou falando. "Não esqueça a minha Caloi" era mais que um slogan ou frase de efeito; virou um mantra, repetido até dizer "chega" por milhares de crianças e adolescentes pelo Brasil inteiro.

A frase foi criada, eu soube bem depois graças à mágica da Internet, pelo publicitário José Estevão Cocco para a campanha de fim de ano da marca Caloi, em 1978. A mensagem pegou tanto que virou um movimento não só infantil, mas um desejo das famílias com crianças. E tudo isso não durou somente uma campanha, mas dezessete anos ininterruptos!

A cada final de ano, a campanha era atualizada com novos anúncios na TV, nos jornais e nas revistas (até na capa da revistinha da Turma da Mônica). O que não mudava era a ordem: "Não esqueça a minha Caloi".

Naquela época, ainda não existia o conceito de identidade verbal, o qual exploraremos neste livro. O termo foi usado pela primeira vez pelo consultor de marketing e autor John Simmons em 2003 no livro *The Invisible Grail.*[2] Ele falou sobre a importância de escolher bons nomes para marcas, produtos e campanhas de publicidade e do impacto positivo que a identidade verbal bem trabalhada tem nas vendas e nos negócios. Ao longo do tempo esse conceito foi evoluindo, como veremos mais adiante. Mas, por enquanto, vamos continuar falando sobre aquela frase simples, mas carregada de poder de convencimento, da marca de bicicletas.

O que a Caloi construiu com o slogan-chiclete, que permanece até hoje na mente de algumas pessoas, foi uma mensagem forte capaz de se tornar parte da identidade verbal e, portanto, da narrativa, da linguagem, da personalidade e do estilo de comunicação da marca. Aquelas pequenas palavras foram o bastante para criar uma comunidade de fãs que ajudou com que a empresa permanecesse relevante no mercado por décadas.

---

2 SIMMONS, J. *The Invisible Grail*: in search of the true language of brands. Reino Unido: Texere, 2003. Em tradução livre: O graal invisível: em busca da verdadeira linguagem das marcas.

Quarenta anos depois do lançamento da campanha, em 2018, a frase icônica foi novamente posta à prova.[3] Dessa vez, em tempos de internet, o "Não esqueça a minha Caloi" viralizou na web e foi parar em muitos veículos de mídia como propaganda espontânea, mas com um significado diferente. O slogan foi resgatado como manifesto em prol das bicicletas como instrumento sustentável de mobilidade urbana contra a poluição dos carros, e também para alertar motoristas quanto ao cuidado com os ciclistas nas vias públicas.

Em vez de bilhetinhos fofos escritos por crianças, cartazes foram espalhados pelas grandes cidades. Os relógios de rua de São Paulo foram envelopados com textos como "Não esqueça a minha Caloi ao mudar de faixa", "Não esqueça a minha Caloi antes de fazer uma curva". A nostalgia tomou conta. A frase foi ressignificada. E uma nova onda de apreço pela tão amada Caloi tomou forma.

Esse é o poder das palavras, quando bem usadas! **Ter uma identidade verbal autêntica, diferenciada e envolvente é a forma mais barata e eficaz de construir clareza de ofertas, relacionamentos duradouros, conexões significativas e negócios de valor.**

Essa história foi para contar, caro leitor e leitora, que marcas vêm e vão, mas as palavras fortes ficam. As palavras certas, quando buscadas e comunicadas de um jeito próprio e único, podem se tornar ativos tão ou mais valiosos que o patrimônio material das empresas. E o melhor de tudo: elas estão por aí, disponíveis, ao alcance da criatividade e do trabalho de qualquer pessoa que queira encontrá-las.

PALAVRAS SÃO UM JOGO DE PERCEPÇÕES

Eu percebi muito cedo que as palavras têm um poder que vai muito além de apenas informar, explicar ou mesmo emocionar. Elas são capazes de construir realidades e percepções. Porém, esse poder depende de como elas são usadas.

---

3 ALVES, S. Caloi resgata "Não esqueça a minha Caloi" em comemoração aos 120 anos da empresa. *B9*, 24 set. 2018. Disponível em: https://www.b9.com.br/97021/caloi-resgata-nao-esqueca-a-minha-caloi-em-comemoracao-de-120-anos-da-empresa/. Acesso em: mar. 2024.

Quando eu era uma jovem jornalista, em meu primeiro emprego como repórter no jornal *Folha de S.Paulo*, na sucursal de Ribeirão Preto, fui incumbida de fazer uma reportagem bem corriqueira, a princípio. Era janeiro de 1998 e eu deveria ir até Cruz das Posses, distrito de Sertãozinho, no interior de São Paulo, para entrevistar alguns moradores que protestavam contra a falta de água nas casas.

Peguei meu bloquinho, meu gravador, convoquei o fotógrafo Luciano Piton e o motorista do jornal e lá fomos nós. Minha missão era simples: constatar o problema, conversar com as pessoas e coletar histórias de como a falta de abastecimento afetava a qualidade de vida e o dia a dia das famílias da região.

Essas informações seriam suficientes. Mas eu sou uma pessoa curiosa e "conversadeira" por natureza, como dizia minha mãe, a dona Cida. Durante um desses papos de coleta de informações, uma senhora deixou escapar que "ninguém ali era dono de verdade de sua moradia". Apesar de terem o registro de posse da casa, precisavam de autorização da então Capela de Santa Cruz para fazer qualquer transação imobiliária, além de pagar taxas extras para a Igreja Católica.

Aquela realidade parecia absolutamente normal para a população local. "É assim porque sempre foi assim e pronto." Mas, para mim, que nunca tinha ouvido falar naquilo, causou estranhamento e espanto. *Como assim as pessoas são donas de suas casas e, ao mesmo tempo, não são? Por que pagam mais que todas as outras pessoas, inclusive as da cidade vizinha, para viver sob o próprio teto?*

Voltei para a redação e escrevi a notícia da falta d'água, cumprindo o prazo. Só que aquele comentário da senhora não saía da minha cabeça, e resolvi continuar pesquisando.

Descobri que o regime imobiliário então vigente em Cruz das Posses era a enfiteuse, ou aforamento, e se tratava de uma prática da Idade Média – sim, em vigor em pleno final do século XX! Os moradores não tinham a escritura das casas, apesar de terem pagado por elas. Tinham apenas uma "carta de aforamento" e pagavam periodicamente o foro (quantia pela utilização do terreno) e o laudêmio (quantia entregue ao senhorio a cada compra e venda). Desco-

“TER UMA IDENTIDADE VERBAL AUTÊNTICA, DIFERENCIADA E ENVOLVENTE É A FORMA MAIS BARATA E EFICAZ DE CONSTRUIR CLAREZA DE OFERTAS, RELACIONAMENTOS DURADOUROS, CONEXÕES SIGNIFICATIVAS E NEGÓCIOS DE VALOR.”

bri que essa era uma prática antiga das famílias reais para garantir o pagamento de uma taxa ou imposto de seus súditos.

Então, percebi o óbvio: *a Igreja Católica é dona de um distrito inteiro em São Paulo*. Essa foi a manchete da minha primeira reportagem especial, publicada na capa do domingo, 11 de janeiro de 1998, no principal espaço do jornal, o Caderno Brasil. Ou seja, a partir de uma notícia local, consegui emplacar uma reportagem nacional. E isso porque consegui "vender" a história aos editores com as palavras certas.

Aqui não vamos entrar no mérito do que estava certo ou não nessa cidade. O que quero mostrar para você é que, quando conseguimos apreender e verbalizar em poucas palavras o essencial, o suprassumo da coisa, e contextualizar com o momento e o ambiente, nossas palavras ganham um poder muito além do significado original delas.

Explicar para alguém que determinada população paga mais taxas com nomes esquisitos do que os moradores de outras cidades não é interessante, não gera nenhuma emoção, não rende assunto nas rodas de conversa. E também não se torna interessante para o Brasil inteiro, nem projeta o nome da promissora repórter iniciante.

Mas dizer que a Igreja Católica é dona de uma comunidade inteira? Isso, sim, é relevante, inusitado, diferente. Veja bem: estou falando sobre a mesma coisa, mas de jeitos diferentes e passando mensagens com potenciais distintos.

As palavras têm poder. Mas apenas as palavras certas, na hora certa, no contexto certo e para as pessoas certas.

Ao longo da minha carreira de mais de 20 anos na área de comunicação e escrita – primeiro como repórter da *Folha de S.Paulo*; depois como repórter de TV na EPTV; alguns anos depois, como professora universitária e pesquisadora; e finalmente como empresária e especialista em marketing e branding –, confirmei cada vez mais essa grande verdade de que as palavras têm poder maior do que se pensa, e que são ativos valiosíssimos das marcas quando bem trabalhadas.

Hoje compreendo, inclusive, como o fato de saber lidar com as palavras moldou minha história de vida desde a infância.

As palavras me encontraram aos sete anos de idade, quando eu mal havia me alfabetizado. A Cibele criança, uma menina tímida, mas de mente inquieta, cursava a antiga primeira série quando inventaram de fazer um concurso de redação na escola.

Lembro que umas amigas resolveram participar e eu, talvez para ser aceita pela turma, me inscrevi. Haveria premiação para quem ganhasse, então pode ser que eu tenha me interessado por isso também, não sei... Lembro também de ter ficado meio travada; não sabia muito bem o que escrever. O tema era algo relacionado ao cotidiano. Deveríamos falar sobre o que nós, crianças, fazíamos nas nossas horas livres, longe da escola.

Decidi, então, escrever um poema. De onde veio essa ideia eu não sei – eu nem sabia o que era poema, apenas conhecia as histórias bonitas do Monteiro Lobato, que minha mãe lia para mim. Mas decidi escrever sobre o que tinha acontecido em um dia da minha vida e saiu algo assim:

Ontem de manhã
Subi no muro
Minha mãe falou:
– Você vai cair!
Mas eu fiquei lá
E caí mesmo.
Ralei meu joelho,
Machuquei minha mão.
Minha mãe falou
– Eu te avisei!
E passou remédio no machucado.
Depois fui brincar com meus vizinhos
Jogamos bola na frente de casa
O Carlos foi também
Mas ele irrita todo mundo
Briguei com ele
E ele não brinca mais com a gente.

Não foram essas palavras exatas, mas a essência era essa. Queria muito que minha mãe tivesse guardado o poema original. Ela guardava tanta coisa, mas isso se perdeu, infelizmente...

Aconteceu que as professoras acharam aquilo lindo! Eu até estranhei, sabe? Pensei que elas estavam doidas por dar valor para esse texto esquisito, de uma menina contando que caiu do muro e brigou com o colega. No fim, não é que ganhei o concurso? E meu prêmio não foi dinheiro, mas um vestidinho verde de saia rodada. Era florido na parte de cima e, abaixo da cintura, tinha uma saia num tom único, verde-escuro. Fiquei rodando horas e horas com aquele vestido novo, me sentindo muito chique de saia godê.

Hoje, pensando bem, vejo que foi o primeiro pagamento recebido pela minha escrita.

Essa história me moldou para sempre. Passei a querer escrever mais e a me interessar pelos livros – das histórias do Sítio do Picapau Amarelo ao primeiro romance lido aos treze anos: *Clarissa*, de Érico Veríssimo, que me encantou de tal jeito que fui obrigada a devorar todas as outras obras do autor. Mais tarde, eu quis até dar o nome Clarissa para minha filha, mas não consegui convencer o meu marido, que não gostava do nome. Concordamos em Sofia, que significa sabedoria!

Lendo e escrevendo, ganhei outros concursos. Mergulhei em outros livros. Descobri o poeta Carlos Drummond de Andrade e também entendi o que é poesia de verdade. Muitas e muitas vezes tentei fugir desse meu aparente destino relacionado às letras e palavras, mas sempre acabei voltando para ela, a escrita.

Hoje entendo que, no fim, é sempre sobre encontrar as palavras certas e levá-las até as pessoas que precisam delas naquele momento. Assim é na vida, assim é nos negócios.

Exemplos de empresas que escalaram os ganhos só porque souberam se comunicar muito bem com seus públicos não faltam, e você vai conhecer vários ao longo deste livro. São marcas grandiosas, que aumentaram seu valor de mercado a níveis estratosféricos a partir de narrativas que criaram e das palavras que escolheram para se diferenciar da concorrência. Apple e Nike são testemunhas do que digo.

E, ao longo destas páginas, você também verá casos de empresas pequenas e marcas pessoais às quais atendi em minhas consultorias de branding verbal. São *cases* de negócios de todo tamanho que conseguiram diferenciação e destaque em seus mercados – e, portanto, mais vendas e mais clientes – apenas ajustando a linguagem e a voz da marca e imprimindo personalidade em sua comunicação.

Por isso, digo e repito que é tudo sobre palavras. Mas, sozinhas, elas não fazem milagres. É preciso juntar outros ingredientes nesse caldo rumo à conexão com o público.

Então, por que acho que você deveria devorar este livro?

Porque, nas próximas páginas, você vai entender como as palavras, as frases, as mensagens e todos os elementos textuais de uma marca se tornam seus maiores ativos. Se você tem um negócio, escreve para uma empresa, ou está à frente do marketing ou branding de certa marca, já tem um excelente motivo para mergulhar neste conteúdo. Afinal, você lida com palavras para informar, divulgar, vender ou mesmo se relacionar com o público todos os dias.

E como é possível que você nunca tenha ouvido falar em identidade verbal ou branding verbal aqui no Brasil (este livro é o primeiro a abordar o tema, já bem conhecido na Europa e nos Estados Unidos), eu quero apresentar mais dois motivos:

1) Essa é a estratégia mais simples, barata e eficaz de potencializar o marketing e alavancar negócios, e está ao alcance de todos que estejam dispostos a se dedicar.
2) Nestes tempos de maior concorrência em todos os canais digitais e de pasteurização das mensagens por causa das ferramentas de inteligência artificial, ter uma comunicação com personalidade é a forma mais efetiva de se diferenciar e se destacar.

Vê a importância e a urgência de falarmos sobre isso? E o melhor: é uma jornada de muito trabalho, sim, mas divertida e recompensadora. Eu vou ensinar o passo a passo de como criar os elementos verbais da sua marca ou da marca para a qual você trabalha. Com isso, você vai tornar a concorrência irrelevante, porque não vai mais falar com a mente dos consumidores, e sim com o coração.

Vamos juntos? Nos vemos na próxima página!

Acredito que você já percebeu o quanto este livro é inovador e diferente. Por isso, tenho uma proposta que vai potencializar o seu aprendizado e permitir que você vivencie os conteúdos de forma muito mais intensa. Preparei uma jornada gamificada que lhe permite testar os seus conhecimentos e conseguir acesso a conteúdos exclusivos. Ao longo dos capítulos, você vai encontrar QR Codes que levam a atividades extras e desafios para que sua leitura vá muito além destas páginas e se torne uma jornada mais interessante e transformadora. E o melhor: ao fim de cada desafio, você poderá acumular pontos e trocá-los por prêmios especiais ao final. Vamos começar? Acesse o QR Code ou o link abaixo e dê início a essa jornada.*

*A jornada gamificada é válida por 24 meses após o lançamento desta edição.

https://bit.ly/cadapalavraimporta1

CAPÍTULO 1: "A INTERNET NÃO PERDOA"

Quantas vezes você já ouviu essa frase nos últimos anos? E olha que ela não perdoa mesmo. Exemplos não faltam.

Estava eu aqui revisando este capítulo quando viralizou na internet uma campanha da marca de cosméticos L'Occitane au Brésil, que foi, digamos... infeliz em sua concepção – para dizer o mínimo. Não teve jeito, tive que recomeçar o texto para trazer esse caso, pois ele vai mostrar como a falta de diretrizes de texto e de linguagem – inclusive para as respostas ao consumidor quando algo dá errado na comunicação – pode prejudicar a imagem de uma marca.

Em outubro de 2023, um vídeo publicitário da L'Occitane com a atriz Grazi Massafera virou piada nas redes sociais brasileiras. E tudo por causa de um caju! A propaganda usava a imagem de um caju no pé. São exatos dois segundos, logo no começo do vídeo, que mostram uma mão feminina colhendo o fruto do galho de uma árvore. Até aí, tudo bem, certo?

O problema: o fruto estava pendurado de forma invertida. Na natureza, o caju não fica pendurado pela castanha, mas pela parte da "carne", chamada de pedúnculo. Além disso, para piorar, as imagens mostravam um pé de amora em vez de um cajueiro.

Claro que esses dois segundos não passaram despercebidos no tribunal da internet: uns fizeram piada, outros ficaram indignados pela falta de pesquisa do pessoal da criação, e teve até quem acusou a empresa de descaracterizar a cajucultura[4] e cobrou uma retratação.

4 "No Brasil, a cajucultura mobiliza cerca de 280 mil pessoas e possui uma área cultivada de 740.000 ha, proporcionando uma produção de aproximadamente 250 mil toneladas de castanha e 2 milhões de toneladas de pedúnculo por ano. Distribuída em várias regiões do país, concentra-se na região Nordeste, que responde por 94% da produção nacional." OLIVEIRA, V. H. *Cajucultura*. Disponível em: https://www.scielo.br/j/rbf/a/VxdCPZBg9qVJCbPr9nYSmPM/. Acesso em: fev. 2024.

"L'Occitane tá tão pobrezinha que não arranjou um cajueiro de verdade pra fazer a propaganda da Grazi? Tô rindo muito da saga do caju que nasce pela castanha, bem coisa de publicitário criado em apartamento", dizia o comentário de uma internauta no X, antigo Twitter.

O prejuízo à imagem da L'Occitane no Brasil naquele momento já era incontestável, mas a resposta da marca piorou a situação. No discurso popular, a emenda ficou pior que o soneto. Por meio de uma nota pública escrita em tom sério e formal, a empresa afirmou que o time criativo e a equipe executiva decidiram "não seguir a estética natural do fruto, pendurando-o pela castanha para tornar a estética mais lúdica". A nota disse também que o time de marketing optou por "seguir o tom de voz leve, bem-humorado e descontraído da marca e seguir com o vídeo para gerar estranhamento e engajamento nas redes". Completou com: "a decisão por essa estratégia também leva em consideração o maior benefício dos produtos da linha: o potencial firmador – tão incrível que até o caju virou de ponta-cabeça".[5]

Não preciso nem dizer que ninguém botou muita fé nessa resposta, que pareceu uma desculpa inventada às pressas para dizer que o "erro", na verdade, foi uma escolha. A piada e a indignação continuaram correndo soltas nas redes sociais. "Pela resposta ridícula da L'Occitane eles fizeram essa merda de propósito. Não deixo de achar um desrespeito absurdo", foi mais um comentário publicado nas redes.

Importante dizer que tudo isso aconteceu em apenas alguns dias. Até que a própria marca resolveu mudar o discurso (de novo) e contratou o nutricionista e influenciador Rodrigo Góes para "desmascarar" a fruta, assim como ele faz com o físico de alguns famosos nas redes sociais.[6] A ideia foi uma forma de a marca rir do próprio erro,

---

5 BONIN, G. Marca de cosméticos diz que caju 'invertido' em campanha com Grazi foi opção por 'estética lúdica'. *Folha UOL*, 13 out. 2023. Disponível em: https://f5.folha.uol.com.br/voceviu/2023/10/marca-de-cosmeticos-diz-que-caju-invertido-em-campanha-com-grazi-foi-opcao-por-estetica-ludica.shtml. Acesso em: fev. 2024.

6 APÓS viralizar com caju invertido, empresa corrige imagem e faz piada com gafe. *G1*, 17 out. 2023. Disponível em: https://g1.globo.com/ce/ceara/noticia/2023/10/17/apos-viralizar-com-caju-invertido-empresa-corrige-imagem-e-faz-piada-com-gafe.ghtml. Acesso em: fev. 2024.

uma tentativa de minimizar o prejuízo. Mas, ainda assim, a tática não foi 100% bem-sucedida, e os comentários continuaram a surgir:

"Que coisa mais ridícula. Erra, não assume e vem fazer piadinha. Deu pra ver o quão 'natural' são os produtos de vocês. Tô fora!".

"Se com o que o cliente vê tem toda essa falta de qualidade... imagina com o que a gente não vê. Vexame total."

A lição que tiramos disso tudo é: nada passa despercebido na internet. Tudo O QUE a marca fala precisa estar muito bem alinhado com COMO ela fala e com seus valores, suas bandeiras, seus propósito e objetivos reais de comunicação. Diretrizes de texto, linguagem e personalidade precisam ser constantes e coerentes o tempo todo. Com tanta gente observando e querendo opinar, o menor deslize pode causar um baita estrago difícil de ser reparado.

POR QUE ESSE ASSUNTO É URGENTE?

Identificar ou criar uma identidade verbal de marca não é somente útil, mas imprescindível.

Há mais canais de divulgação e vendas hoje do que nunca, e as marcas querem (e precisam) estar presentes onde o seu público está. Muitos desses canais são dominados pela linguagem verbal e escrita. Por isso, é inegável que ter uma identidade verbal é tão – e às vezes até mais – importante do que ter uma identidade visual. Atualmente, as pessoas estão muito mais "conversativas", e as marcas (corporativas ou pessoais) precisam estar preparadas para qualquer tipo de conversa.

Os consumidores querem estar próximos das marcas que eles escolheram e dialogar com elas. No mundo de hoje, se você gosta de chocolate orgânico, quer conhecer tudo sobre a empresa fornecedora do produto. Você quer saber qual é a história da marca, como ela surgiu, onde busca a sua matéria-prima, se respeita os seus fornecedores, no que acredita e o que abomina, como é a sua cadeia produtiva e muito mais. E você está prontíssimo para trocar de marca se desconfiar, mesmo de forma bem sutil, que a empresa está caindo em contradição em qualquer ponto do seu discurso.

Em toda essa jornada, para manter o consumidor engajado, é preciso ter uma comunicação não apenas encantadora e cheia de personalidade, mas também crível, coerente e aberta às novas conversas.

A sociedade mudou muito nos últimos anos, principalmente depois da pandemia de Covid-19, e foram tantos os choques sociais e culturais que agora o público se sente apto a dar opinião sobre absolutamente tudo. As marcas, para o bem ou para o mal, apenas devem aceitar que isso é fato e que precisam estar preparadas para responder sempre que for preciso. Se não conseguirem fazer isso de acordo com seus princípios e diretrizes, elas perdem a sua voz. E marca que não tem voz, também não tem vez!

Olha só: **sempre houve a necessidade de uma boa comunicação, mas a exigência de ter um posicionamento coerente, diferenciado e reconhecível é agora urgente, não somente desejável.** A transformação digital fez nascer uma voz coletiva das massas, deu poder às pessoas sobre marcas, escolhas, produtos, entregas e também sobre o que se diz nos meios digitais. É um jogo em que a posse de bola está quase sempre do lado do consumidor. Ele é livre para falar bem e indicar um produto ou serviço de que tenha gostado, mas também se sente muito à vontade para reclamar e destratar um fornecedor diante do menor descontentamento.

E esse consumidor cobra posicionamento, atitude, boas práticas e boas conversas. Ele não quer apenas se sentir encantado ou viver uma boa experiência; ele quer cocriar, fazer parte, pertencer e ser ouvido. Quem não compreende isso é pego desprevenido, se atrapalha nas respostas e perde mercado.

OUTROS DESAFIOS PELO CAMINHO

A ascensão da internet e da vida digital já tinha mudado bastante o paradigma da comunicação publicitária, que passou de unidirecional (as marcas falam, o público escuta e a única escolha é comprar ou não) para bidirecional (as marcas falam, o público retruca e também se torna emissor de mensagens).

Um tempo depois, as redes sociais passaram a dominar todas as interações entre pessoas e também entre elas e as marcas, mudando a forma como as empresas se comunicam com seus clientes. E, por último, a incorporação da inteligência artificial no cotidiano deu condições iguais para qualquer profissional ou empresa produzir conteúdo para a sua audiência. Isso facilitou muito a vida de todos, mas, ao mesmo tempo, tornou ainda mais difícil para qualquer um se *diferenciar*.

É como se estivéssemos em um ringue virtual no qual todos gritam, se estapeiam e competem para ser ouvidos e notados. Todos estão tentando, a todo custo, se destacar em meio a esse caos digital. Alguns têm sucesso, enquanto outros cometem gafes memoráveis.

Outro desafio é o fato de que parece que tudo já foi inventado. Produtos e serviços se assemelham cada vez mais e a competição é quase desleal – mesmo que não seja verdadeiramente. A diferenciação nesse ambiente altamente competitivo e ruidoso vira uma missão quase impossível.

Mas, porém, contudo, todavia... nem tudo está perdido. É nesse ponto que entra a linguagem como peça-chave para ser diferente de todo o resto.

Já tem muita marca percebendo que não é apenas sobre o que elas dizem, mas sobre *como* dizem e sobre o *impacto* que essa comunicação provoca nas pessoas. É por meio da fala e da escrita que as empresas podem expressar sua personalidade, transmitir valores e levantar bandeiras que ressoem com o seu público. Afinal, as pessoas querem mais do que apenas produtos ou serviços, elas desejam se conectar emocionalmente com quem vende para elas.

Então, a vantagem competitiva surge, na verdade, a partir das palavras. As palavras que explicam, direcionam, clareiam e encantam. Mas não são todas as palavras que fazem isso...

A quantidade de canais em que qualquer marca pode se expressar veio para democratizar a comunicação, pois acabou com o monopólio dos grandes, que tinham verbas infinitas para anunciar produtos. Por outro lado, essa nova era trouxe junto a dificuldade de ter uma presença relevante em cada um dos canais, mantendo a coerência da comunicação em todos eles.

“Sempre houve a necessidade de uma boa comunicação, mas a exigência de ter um posicionamento coerente, diferenciado e reconhecível é agora urgente, não somente desejável.”

CAPÍTULO 1: "A INTERNET NÃO PERDOA"

É muito fácil abrir uma conta no Instagram, no LinkedIn, no Tik Tok, no X, no Threads ou em qualquer outra mídia digital que ainda vai surgir. Mas será que é fácil produzir conteúdo de forma constante em todos esses meios sem perder a coerência e a voz da marca?

Esse desafio se soma a outro, talvez ainda mais difícil de resolver: como fazer com que a equipe de escrita (redatores, copywriters, *social media* e qualquer outro profissional que escreve e fala pela empresa) produza conteúdos mantendo diretrizes únicas de texto? Como uma diversidade de pessoas, cada uma com seu estilo, poderá escrever de forma que o público acredite que apenas uma voz está se expressando?

A Netflix faz isso muito bem. Em todos os canais em que ela se expressa para o público, tem-se a impressão de que apenas uma pessoa escreveu tudo. O mesmo tom de voz engraçado, irônico, às vezes debochado e flexionado no gênero feminino está em todos os lugares. A rede de streaming é um bom exemplo, mas a realidade é que a maioria das marcas não consegue fazer isso. É comum não haver diretrizes de voz de marca para serem seguidas, menos ainda treinamento adequado da equipe que redige os textos.

E tem ainda mais: sem essas diretrizes que garantem que a marca corporativa se expresse como se fosse uma pessoa de carne e osso e, portanto, capaz de gerar identificação e relacionamento, a única saída para aumentar a presença e o alcance do conteúdo é o investimento cada vez maior em marketing digital.

Anúncios em redes sociais, ferramentas de busca, anúncios de vídeo e áudio são os investimentos mais comuns. E eles surtem efeito e fazem a marca crescer, até certo ponto. É como uma droga. Crescimento sem branding vai exigir "doses" cada vez maiores de dinheiros e podem matar o que uma marca tem de mais precioso: a capacidade de ser desejada sem artifícios.

O branding se completa com o fortalecimento da imagem da marca que, por sua vez, precisa de palavras para se comunicar e formar reputação.

O VISUAL ATRAI, O VERBAL ENVOLVE

Imagine a seguinte situação: você está em um ambiente público quando chega uma mulher muito elegante, com maquiagem impecável e o cabelo tão bem penteado que nenhum fio se atreve a sair do lugar. Seu perfume invade o recinto na medida exata: não é forte a ponto de causar repulsa, nem para passar despercebido.

Tudo nela atrai os olhares. Sua postura é altiva. Seu andar parece uma dança. Seus gestos, delicados e, ao mesmo tempo, firmes.

Alguém se aproxima dela e, como para retribuir tanto primor, balbucia um educado "bom dia". A mulher bufa como se fosse um cavalo raivoso: "Só se for para você. Meu dia está péssimo. Me deixe em paz!".

É nesse momento que todas as pessoas ali presentes sentem uma coisa estranha, parece um curto-circuito cerebral. Como assim? O visual que encantou em instantes toda aquela gente não combina nada com aquele verbal. Nem preciso dizer que acabou ali qualquer chance de prolongar a conversa com ela, não é?

Nesses tempos de múltiplos canais e múltiplas conversas, é isso o que muitas marcas andam fazendo por aí. E o pior: às vezes nem percebem.

Esse desnivelamento entre o visual e o verbal causa uma dissonância cognitiva, uma confusão mental em quem está em contato com a marca. Gera incoerência, desconfiança. E, claro, prejudica o negócio. Afinal, sem confiança, minha gente, não tem negócio que sobreviva por muito tempo.

A comunicação das marcas falha miseravelmente quando o visual atrai e o verbal não consegue envolver.

Até aqui, já podemos estabelecer a relação entre a construção da reputação de uma marca com boa comunicação e diretrizes verbais coerentes e consistentes. E talvez você esteja se perguntando: "como fazer isso sem cair na facilidade (ou armadilha) de se inspirar (ou copiar) o que deu certo para o coleguinha do lado?".

É sobre isso que falaremos no próximo capítulo.

CAPÍTULO 2: EM BUSCA DA SUA VOZ

São mais de dez horas da noite e você ainda está em frente ao computador, com os olhos fixos na tela. Sua vista começa a embaçar e uma sensação estranha percorre seu corpo de cima a baixo. Um aperto na cabeça que desce pelo rosto e pescoço e chega a provocar uma leve pontada no abdômen. Cansaço, suor frio. Você aperta os dentes sem perceber. A vontade é fechar o notebook, sair correndo o mais rápido possível dali. O "dane-se tudo!" fica entalado na sua garganta, mas não é possível "chutar o balde". Você não diz nada, não grita, não pode parar o que está fazendo. Precisa terminar esse texto. As ideias já não existem mais, mas ele precisa ser publicado amanhã. Você digita, mas nem sabe mais o que está escrevendo. Os dedos vão pelo teclado no automático. Até que tudo fica amarelo, depois colorido e brilhante. O cenário começa a rodar. A cabeça dói. Não dá mais... Não... dá... mais!

Piiiiii piiiiii piiiiii piiiiii. Você acorda ao som do despertador. Foi só um sonho ruim.

Você olha no relógio e são seis da manhã. Deita de novo a cabeça no travesseiro, fecha e abre os olhos com dificuldade, fita o teto. Fica aliviado de saber que aquilo tudo não passara de um pesadelo. Ao mesmo tempo, percebe que é baseado na vida real. Na *sua* vida real.

Você precisa se levantar, mas não quer fazer isso. Sabe que será mais um dia daqueles. Precisa revisar (e reescrever) dezenas de textos de copy, artigos, anúncios, e-mails, mensagens de WhatsApp... E detalhe: você não estudou para isso! Mesmo assim, precisa dar conta de mais palavras todos os dias do que o editor-chefe do maior jornal do país – que ganha exclusivamente para isso, é bom esclarecer. Já você é "só" alguém tentando ajudar uma empresa a crescer.

Fiscalizar cada frase, até cada palavra que o pessoal da comunicação escreve sobre a marca não é a sua única demanda. Você faz reuniões estratégicas e cansativas todos os dias, lidera pessoas das mais diversas áreas, pensa na experiência dos clientes, planeja as diversas metas do ano, lida com aquele pepino com o fornecedor novo. E, no fim do dia, ainda precisa decidir se dá mais uma chance para aquela redatora que comete erros de forma recorrente.

Pensando bem, é melhor *mesmo* voltar a dormir. Mas você não pode. Então, se levanta, sabendo que às dez da noite vai viver ao vivo e em cores o que aquele sonho ruim pressagiou.

Seja você um profissional de comunicação que trabalha para uma empresa ou o dono do negócio, é fato que precisa lidar todos os dias com um volume insano de palavras relativas à marca. Para o bem da empresa e das metas a serem batidas ao final de cada mês, é você quem deve cuidar delas. Tem blog, perfil no LinkedIn, conta no Instagram, e-mails de relacionamento, e-mails de venda e de recuperação de vendas perdidas, mensagens de WhatsApp, canal no Telegram, a antiga comunidade no Facebook que "não pode ficar abandonada tanto assim"...

E não vamos nos esquecer de que o discurso de vendas precisa estar bem afiado. O time de suporte sabe como abordar os clientes por telefone ou WhatsApp? Será que está respondendo às reclamações e dúvidas do jeito certo? Por que será que aquele cliente não renovou o serviço?

Como se fosse pouco, ainda tem mais textos para você se preocupar: os quinze diferentes anúncios que serão publicados em campanhas nas redes sociais, a página de vendas do produto digital que a empresa está lançando, o e-mail de agradecimento, o roteiro do vídeo institucional para o site, o próprio site inteiro, o manifesto da marca. Aliás, está chegando o Natal e você pretende enviar uma carta personalizada para todos os clientes, certo? E aposto que você ouviu alguém dizer que não dá mais para ficar fora do Tik Tok porque todos os jovens estão lá e eles serão os futuros consumidores.

Além da matéria que leu sobre uma nova rede social que vai ditar as novas tendências em pouquíssimo tempo... é bom ficar de olho.

E tem mais um ponto, algo que passa pela sua cabeça todos os dias: será que vale mesmo a pena tanto investimento de tempo e esforço na comunicação? Será que vai trazer resultado prático, ou seja, mais dinheiro para o caixa? Não seria melhor mudar de estratégia?

Ai, meu Deus! Como alguém pode dar conta de tudo isso?!

Antes de tudo, pare e respire fundo. Vamos começar pelas respostas para as últimas três perguntas: Sim, sim, sim e não.

Sim, vale a pena investir tempo, esforço e dinheiro em comunicação. Não fazer isso, na verdade, é o erro de grande parte dos empresários quando começam um negócio.

A pessoa tem o sonho de empreender, tem uma solução legal que resolve problemas específicos de um grupo de pessoas. Então, o que ela faz? Investe em conhecimento, ferramentas, às vezes em espaço físico, móveis e equipamentos, contrata funcionários, faz parcerias, treina os vendedores e o pessoal de atendimento, escolhe um contador para chamar de seu. Quando está tudo pronto, e só aí, vai se preocupar um pouco com a comunicação e com o marketing. Já o branding? Isso nem passa pela cabeça da maior parte dos empreendedores.

A verdade é que a coitada da comunicação geralmente é deixada por último na lista de investimentos, principalmente por quem está começando. Mas como fazer o público se encantar pela marca, como atrair pessoas dispostas a pagar pelas ofertas, mantendo a saúde do caixa em dia, se não houver investimento em uma comunicação eficiente?

Sim também é a resposta para a segunda pergunta. Você pode ter o melhor produto ou serviço do mundo. Mas, se as pessoas não o conhecerem, se não necessitarem ou desejarem as suas ofertas, não tem negócio que se sustente. E você só consegue gerar esse desejo falando sobre produtos, serviços e ideias. Quando digo para falar, quero dizer abrir-se para uma conversa amigável com os seus potenciais consumidores para que eles entendam o que você faz ou vende, criar uma relação para que eles se conectem com sua marca (e seus valores, princípios, propósito ou causa) e tenham abertura também para dizer o que pensam, como se sentem, o que buscam ao entrar em contato com o negócio.

Por fim, sim e não para a terceira pergunta. É melhor mudar de estratégia se você está fazendo tudo o que os gurus de marketing disseram para fazer, mas ainda não está vendo retorno e resultado nesses investimentos. Se você segue a cartilha da "fórmula para multiplicar o faturamento", mas o valor da aquisição de novos *leads* (potenciais clientes) só aumenta e, por isso mesmo, o CAC (custo de aquisição de cliente) também está altíssimo, isso obriga você a investir mais ainda em marketing digital ou a se contentar com menos.

E essa não é a resposta se você já definiu um plano de comunicação baseado numa identidade verbal única e memorável. **Não é preciso mudar de estratégia se você já tem um estilo de linguagem que verbaliza tudo o que sua marca é, faz e acredita. Se já sabe como se conectar profundamente com o público certo.** Não mude nada se as pessoas estão entendendo perfeitamente os benefícios que seus produtos, serviços e ofertas oferecem. Continue assim se cada cliente compra não uma, mas várias vezes de você.

Sobre dar conta de tudo o que se refere à comunicação, a verdade é que não é possível para uma única pessoa revisar ou mesmo "passar os olhos" em todas as peças de comunicação de uma marca em fase de crescimento. Não sem estratégia, pelo menos. Não sem um bom processo de alinhamento entre os objetivos do negócio e a definição de diretrizes de texto, tom e voz da marca – sempre respeitando a narrativa e a essência.

Essa "conversa" das marcas hoje em dia acontece em várias plataformas e canais – que se multiplicam sem parar. Mas você não precisa estar em todos eles. Deve estar presente, ser constante e coerente naqueles em que o público está e nos quais a narrativa de marca tem melhor encaixe.

São esses pontos que, de fato, importam na hora de buscar a diferenciação de qualquer marca nesse mundo em que pessoas e empresas falam as mesmas coisas, do mesmo jeito, o tempo todo.

Como gestor ou profissional de comunicação à frente de uma marca que pretende crescer, você vai precisar delegar e confiar as palavras da empresa a outros profissionais – algo que fica fácil com o treinamento adequado. Vai precisar também de diretrizes de linguagem, narrativa e voz da marca para fazer isso bem e de forma sustentável, sem ter pesadelos no processo.

A CÓPIA E O ORIGINAL

Você pode até cair na tentação de se "inspirar", ou copiar mesmo, o que deu certo para outras empresas, sejam palavras, frases, mensagens ou textos. E esse é um grande erro, sabe por quê? Ao fazer isso, você fará propaganda para quem veio primeiro, para o concorrente.

Imagine se alguma lanchonete resolve usar como slogan a frase "amo muito tudo isso". Ou, então, se uma marca de bebidas decide informar que ela "te dá asas". Ou se uma fábrica de achocolatado acha uma boa ideia dizer que ela fornece "energia que dá gosto". Duvido que você não tenha se lembrado das marcas donas dessas frases, McDonald's, Red Bull e Nescau.

Só que é exatamente isso o que a gente vê todos os dias na internet: um festival de cópias, como se a criatividade estivesse enterrada para sempre. E a internet, na verdade, é um "ovo". Todo mundo acompanha várias pessoas e empresas nas redes sociais. Então, fica fácil perceber quando alguém está copiando outra linguagem, concorda?

Quando isso acontece, todo o investimento feito para ganhar atenção tem efeito contrário, porque quem copia faz propaganda de graça para o concorrente. **Quem se posiciona primeiro, quem trabalha antes para desenvolver uma identidade verbal única e diferenciada, vai ser sempre a referência.**

Fazer o que outras marcas estão fazendo, usar as mesmas palavras ou até a mesma personalidade ao se expressar pode ser a pior escolha para quem está começando a se posicionar no mercado. Se deu certo para X ou Y, ótimo! Não significa que vai dar certo para você. **Quando se fala em buscar o diferencial, em procurar a própria voz, é preciso entender isso ao pé da letra: é para ser diferente mesmo, encontrar um jeito único de se comunicar.**

É essa a melhor estratégia para furar a bolha da desatenção e ganhar a chance de ser considerado como opção pelos consumidores.

Por isso, antes de copiar o coleguinha do lado, se pergunte: será que vale mesmo a pena investir tempo, esforço e dinheiro para fazer igual e perder a chance de criar a sua comunicação única e apaixonante?

REPUTAÇÃO X IGNORÂNCIA

Outro ponto sobre o qual é necessário falar é a questão dos direitos autorais e do plágio. Plágio não é apenas a reprodução integral de um texto ou parte dele, mas também a cópia conceitual da essência de uma obra, sabia disso?

Em outubro de 2023, a Bauducco precisou cancelar uma campanha milionária de reposicionamento por ter sido acusada de plagiar um artista. Imagino quantas cabeças rolaram, quanta gente ficou sem dormir, quanto dinheiro foi pelo ralo...

A marca contratou as cantoras Juliette e Duda Beat para interpretarem a canção *Magia Amarela*, que foi amplamente divulgada nos canais digitais. Algumas horas depois do lançamento, a equipe do rapper Emicida foi a público questionar a originalidade da ideia, acusando as cantoras e a marca de plagiarem o conceito e os elementos da identidade visual de *AmarElo*, música lançada alguns anos antes e que rendeu ao músico o prêmio de melhor álbum em língua portuguesa do Grammy Latino.

Em um comunicado enviado pela Bauducco e pela agência Galeria, que assinou a produção, as empresas afirmaram que a campanha tinha como principal objetivo "celebrar o amarelo, icônico e característico da sua identidade visual, presente nas embalagens e comunicações da marca há mais de trinta anos".[7] Apesar disso, a internet mais uma vez não perdoou. A repercussão foi tão negativa que as empresas preferiram cancelar a campanha.

---

7 PIO, J. Foi plágio? Entenda a polêmica no caso Bauducco com Juliette, Duda Beat e Emicida. *Exame*, 19 out. 2023. Disponível em: https://exame.com/marketing/foi-plagio-entenda-a-polemica-no-caso-bauducco-com-juliette-duda-beat-e-emicida/. Acesso em: fev. 2024.

“QUANDO SE FALA EM BUSCAR O DIFERENCIAL, EM PROCURAR A PRÓPRIA VOZ, É PRECISO ENTENDER ISSO AO PÉ DA LETRA: É PARA SER DIFERENTE MESMO, ENCONTRAR UM JEITO ÚNICO DE SE COMUNICAR.”

A discussão sobre ter sido ou não uma cópia descarada do conceito rolou solta nas redes sociais. De qualquer forma, o prejuízo já era claro simplesmente pelo fato de a campanha ter sido associada a outra produção anterior e muito conhecida, visto que a música original foi vencedora de uma premiação importante no cenário musical.

Fora a questão do suposto plágio, que já era prejudicial o suficiente, o caso manchou a imagem da Bauducco e trouxe à tona a música cujo conceito teria sido plagiado. Preciso dizer que quem nunca tinha ouvido a canção agora a conhecia? As rádios começaram a tocá-la, as visualizações no YouTube aumentaram... Ou seja, o dono da ideia original se beneficiou de uma mega "publicidade" gratuita, embora todo esse processo seja bastante questionável.

Costumo dizer que, em qualquer caso, quando estão em pauta os equívocos de comunicação de marcas, a culpa é da ignorância, do desconhecimento.

Boa parte dos empresários e dos profissionais de marketing e comunicação ignora – apesar das evidências – que seguir uma suposta fórmula para vender mais, como dizem os sábios da internet, na verdade, tem o efeito contrário. Isso porque, se alguém está dizendo para fazer X, Y ou Z, isso significa que um monte de gente vai fazer X, Y ou Z e não vai, portanto, criar algo próprio e se diferenciar.

A ignorância também impede os gestores de treinar corretamente todas as pessoas que falam ou escrevem pela marca. É preciso conhecimento para entender que é possível delegar com confiança as demandas de comunicação institucional ou publicitária de um negócio a várias outras pessoas sem perder a "voz" da marca e mantendo um estilo único de escrita. Ignorar isso causa prejuízos em contratações ou demissões malfeitas ou – o que pode ser pior – a divulgação de mensagens confusas que, em vez de ajudar a esclarecer sobre os produtos, as ofertas e a própria marca, causam distanciamento e mal-entendidos.

A boa notícia é que você, que está lendo este livro, já sabe que isso tudo pode ser evitado. Então, já não faz parte do clube dos desconhecidos, certo?

VISUAL E VERBAL ALINHADOS

Antes de terminar este capítulo, tem mais uma coisa que preciso abordar: a cegueira provocada pela cultura do visual em detrimento do cuidado com cada palavra verbalizada pelas marcas.

Fala-se por aí que basta ter um logo bacana, escolher uma paleta de cores viva, elementos visuais marcantes e embalagens bonitas (no sentido literal e figurado) para ganhar a guerra da atenção. Mas não é "só" isso.

Sim, o visual é importante e parte de um branding bem planejado, mas ele não dá conta de toda a comunicação sozinho. A imagem se torna vazia sem uma palavra para orientar. O visual precisa do verbal para expressar o sentido pretendido. Caso contrário, cada pessoa vai interpretar as imagens do próprio jeito – e isso não é nada bom para a construção de uma marca forte, pois é necessário alinhar a intenção com a real percepção.

Outro grande culpado é esse tal "marketing da fórmula pronta", que nos faz acreditar que basta seguir um roteiro pré-definido para escrever textos que vendem e "convertem seguidores em clientes", persuadindo qualquer pessoa a comprar qualquer coisa ou fazer qualquer negócio.

Bem, se fórmulas de sucesso realmente funcionassem, elas poderiam deixar de existir para sempre, pois todos já saberiam o que fazer logo de primeira, não é?

A verdade é que, sem conexão emocional a partir das palavras que coloca no mundo, uma marca não vai longe. Textos persuasivos em excesso e os famosos "gatilhos mentais" podem até fazer vendas rápidas e funcionar para um público imaturo ou desavisado, mas não constroem relacionamento com o cliente nem lealdade à marca.

As grandes empresas já sabem o quanto uma identidade forte e elementos verbais próprios são ativos valiosíssimos para o negócio, até mais que os bens tangíveis da empresa. Vide Apple, Nike, Coca-Cola e tantas outras.

Agora, você também sabe de tudo isso. E, nos próximos capítulos, vai aprender também como as grandes marcas, as mais valiosas, cuidam de todas as palavras para que elas se tornem ativos do negócio. Vamos explorar técnicas e ferramentas para construir uma comunicação apaixonante, que facilita as vendas e o crescimento do negócio. Está preparado?

Pronto para passar de fase? Acesse o QR Code para continuar a sua jornada gamificada e acumular pontos.

https://bit.ly/cadapalavraimporta2

CAPÍTULO 3: TRABALHE PARA SER PREVISÍVEL

Ao contrário do que dizem, você não deve surpreender todo mundo a todo momento. Ao menos não se quiser construir uma marca reconhecível por valores, ofertas e entregas. Parece estranho, mas, sim, trabalhe para ser previsível. E a história de Dietrich Mateschitz vai explicar aonde eu quero chegar.

Talvez você não conheça esse nome, mas aposto que, se eu disser a metade de uma frase que ele criou, você vai saber completar.

Em meados dos anos 1980, o austríaco, então gerente de marketing de uma multinacional, fez uma viagem de negócios para a Tailândia. Da Áustria para lá são 8.450 quilômetros percorridos, e é bem provável que o voo tenha durado mais de dez horas. O fato é que, ao chegar, ele sofreu horrores com o *jet lag*.

Pergunta daqui, pergunta dali, Mateschitz ficou sabendo de uma bebida local que amenizava os sintomas. Era um composto de uma dose elevada de cafeína com um estimulante chamado taurina. Resultado: a bebida não só curou o *jet lag* como deu uma ideia genial a Mateschitz. Aquilo que a gente costuma chamar de "ideia de milhões" – no caso, de bilhões!

Para quem já matou a charada, sim, eu estou falando do Red Bull. E aposto que você já está com vontade de completar a frase, cantando "Red Bull te dá asaaas".

O Red Bull chegou ao mercado europeu em 1987 e logo depois se espalhou pelo mundo.[8] A empresa vende mais de cinco bilhões de latas todos os anos em mais de 140 países. Esse legado, claramente, fez de Mateschitz um empresário bilionário.

---

8 RED BULL. Disponível em: https://www.redbull.com/br-pt/. Acesso em: fev. 2024.

Mas olha só que coisa estranha: a bebida não tem patente, não tem fórmula secreta. Inclusive, já existem várias similares nas prateleiras de qualquer supermercado. O que explica, então, esse sucesso todo?

O próprio fundador disse, certa vez: "O marketing é a nossa principal matéria-prima, sem esquecer o produto, que é a pré-condição".[9] O slogan pode não ter sido o único responsável pelo sucesso mundial da marca, mas digamos que ele foi a ponte para fixar o produto na mente do consumidor. E, a partir dessa frase curta e memorável, alavancar as vendas – e fazer crescer a marca – ficou muito mais fácil.

Entende quando eu digo que as palavras têm poder?

Empresas e profissionais podem usar o poder das palavras para aumentar a sua percepção de valor no mercado através de uma identidade verbal impactante e de diretrizes de linguagem consistentes. Esse é o segredo nada secreto das marcas mais valiosas do mundo para gerar conexões significativas, impulsionar negócios e, ao mesmo tempo, tornar a concorrência irrelevante.

Quando uma marca se preocupa com os detalhes da sua comunicação em todos os pontos de contato, quando trabalha o branding com palavras marcantes que grudam na mente, o esforço de vendas e de convencimento cai muito. Desse jeito, não é preciso gastar saliva em conversas infinitas, tentando convencer o potencial cliente com mil argumentos. Nem escrever textos imensos (chatos e sem sal, diga-se de passagem) nas páginas de venda – como gostam os copywriters e marketeiros das fórmulas prontas – para forçar a venda de algum produto ou serviço.

O segredo da conexão profunda com o público e da diferenciação das marcas nos dias atuais não é nada secreto! **Sempre foi, e continua sendo, encontrar as palavras certas que comunicam com**

---

9 PREPAREM-SE: as empresas do futuro terão que se tornar especialistas em marketing, independentemente do ramo. *Administradores*, 13 abr. 2023. Disponível em: https://administradores.com.br/noticias/preparem-se-as-empresas-do-futuro-terao-que-se-tornar-especialistas-em-marketing-independente-do-ramo. Acesso em: fev. 2024.

simplicidade e eficácia e que vão facilmente da mente para o coração das pessoas.

Não há como ser assim se não houver previsibilidade. Sim, acredite, a comunicação tem que ser previsível. Combinada com criatividade e inovação, claro, mas, ainda assim, previsível. E como isso funciona na prática?

As marcas precisam trabalhar para que o público seja capaz de reconhecer a voz e o tom delas nos canais de comunicação. Precisam desenvolver um estilo de linguagem próprio, mas repetitivo, para que o público saiba o que vem a seguir quando entra em contato com a marca. Devem construir elementos verbais memoráveis, capazes de fazer as pessoas repetirem as frases e mensagens mais importantes até em contextos diferentes – quanto mais uma marca conseguir fazer isso, mais ela se torna presente nas vidas da população.

Um exemplo é a mensagem da operadora de cartão de crédito que diz "Tem coisas que o dinheiro não compra, para todas as outras existe Mastercard". A frase ficou tão impregnada na mente das pessoas que passou a ser usada em vários contextos sociais e pessoais, inclusive em piadas. Outro caso é o "mil e uma utilidades" do Bombril. Quem não conhece e repete como força de expressão quando quer dizer que algo ou alguém é multitarefa?

Esse trabalho, de estabelecer os elementos verbais que serão associados à marca para, depois, garantir por meio de diretrizes de personalidade e escrita que eles vão ser comunicados com constância e coerência, é feito através do branding verbal e da criação de uma potente identidade verbal de marca.

AFINAL, O QUE É A IDENTIDADE VERBAL?

Esse é um conceito realmente novo no mundo.[10] Como comentei brevemente, a primeira vez que alguém usou o termo foi o au-

10 Em português, este livro que você está lendo é o primeiro a ser publicado sobre o assunto. Todo o conteúdo nasceu de meus estudos, referências estrangeiras, pesquisas e também de minha atuação como estrategista de branding verbal e narrativas de marca junto à minha empresa, a Pedra Palavra.

“MARCAS SÃO COMO PESSOAS. E DEVEM SER PESSOAS COM QUEM A GENTE QUEIRA CONVERSAR!”

tor e consultor de branding John Simmons quando trabalhava na consultoria internacional de marcas Interbrand. Ele disse, certa vez, em uma entrevista, que criou esse termo e o conceito porque se incomodava com a desesperadora preocupação das empresas com o design e o completo descaso com a expressão verbal.[11] Ele estava frustrado porque, ao se referirem à identidade de marca, as empresas levavam em consideração apenas a parte visual, como símbolos e logotipos.

"Mas como é que as marcas comunicam se não usam palavras?", ele se perguntou. A resposta veio em seguida: "palavras criativas são o elemento que conecta as marcas com seus públicos".

Ele inventou o próprio jargão e o oficializou ao publicar o livro *The Invisible Grail*. E, então, posicionou o termo identidade verbal ao lado de identidade visual. Com isso, **passou a afirmar a importância da linguagem, do sistema de nomes de uma marca, do seu tom de voz, das suas histórias e das comunicações verbais de todos os tipos.**

Ao longo do tempo, o conceito ampliou-se e ganhou mais visibilidade. Em 2016, o London International Awards (uma premiação mundial da indústria criativa) introduziu a categoria Identidade Verbal para julgar trabalhos de acordo com o *naming* (processo de nomeação de produtos, serviços e ideias) e a voz, entre outros elementos linguísticos.

E, bom, para que ela serve?

Até duas décadas atrás, o trabalho com palavras, textos e mensagens escritas das empresas e profissionais ficava a cargo das agências de publicidade ou da equipe interna de marketing. Então, se a verba fosse volumosa, era possível contratar muita gente talentosa. Assim, os grandes podiam crescer ainda mais, comprando espaços caros na televisão, nas revistas, na mídia impressa e em outros veículos tradicionais.

Um dos problemas desse modelo era o fato de as empresas delegarem a sua estratégia de publicidade para a agência contratada da

---

11 JONES, A. *Episode 388 - Writing powerfully with John Simmons*. YouTube. Disponível em: https://www.youtube.com/watch?v=0I94AQeGoGo. Acesso em: mar. 2024.

vez, o que as deixava reféns de um estilo ou da linguagem dessa agência, e não da marca. Ao trocar de fornecedor, mudava-se também, de certa forma, a identidade. Não preciso nem dizer o prejuízo que isso causava: retrabalho, perda de tempo, perda de investimento e, o pior, colocava em risco a imagem do negócio pela falta de coerência.

Pois bem. Eis que as coisas mudam – e, nos últimos anos, bem rápido.

A partir da década de 2000, a internet se expandiu mais e mais. Surgiram as primeiras redes sociais e o paradigma da publicidade unidirecional foi se transformando rapidamente em bidirecional. Desde então, a audiência não apenas recebe como também é emissora de mensagens: pode deixar um recado no blog, comentar no último *post*, mandar um *direct* ou criar uma postagem, publicar nas próprias redes e marcar a sua empresa.

Já pensou no volume de palavras, frases, vírgulas, pontos-finais e títulos produzidos a cada dia na internet? E já pensou que tem gente, neste exato minuto, lendo, falando ou compartilhando algo sobre a empresa em que você atua?

A identidade verbal vem para dar um suspiro de alívio para o responsável pelo marketing e pela comunicação de uma empresa – seja ela grande ou pequena –, que não tem tempo nem condições mínimas de revisar toda palavra que cada redator, *social media*, copywriter – ou até ele mesmo – escreve.

Toda marca precisa de identidade verbal para que suas mensagens tenham harmonia e personalidade. **Marcas são como pessoas. E devem ser pessoas com quem a gente queira conversar!**

Para alcançarmos isso, eu vou explicar detalhadamente nos próximos capítulos o que é e como definir uma identidade verbal. Mas, por enquanto, entenda apenas isto: ela é a estratégia mais simples, acessível e inteligente de sistematizar tudo *o que* uma marca fala e *como* ela fala. A verdade é: usando do jeito certo, a identidade verbal vai facilitar, e muito, a sua vida e o seu negócio.

Meu método de desenvolvimento de identidades verbais de marcas, sejam elas pessoais ou empresariais, se baseia em *sete pontos, sendo quatro premissas e três práticas*. Chamo essa junção de Comunicação Encantante, e a gente pode até escrevê-la como uma equação:

CE = 4 Pre + 3 Pra

As premissas que devem ser levadas em conta no desenvolvimento de qualquer projeto de identidade verbal são:

- **É tudo sobre palavras.**
- **É tudo sobre o essencial.**
- **É tudo sobre o contexto.**
- **É tudo digital.**

Já as práticas passam pela criação de uma:

- **Narrativa encantante.**
- **Personalidade singular.**
- **Linguagem compartilhada.**

Então, espero que tenha descansado na parte teórica até aqui, pois agora é hora de colocarmos a mão na massa. Veremos com detalhe cada componente para que você possa dominar a comunicação da sua marca!

PARTE 2

PREMISSAS: LINGUAGEM E POSICIONAMENTO

CAPÍTULO 4: É TUDO SOBRE PALAVRAS

Existe uma tribo na Austrália que não usa as palavras "esquerda" e "direita", por isso, não conhece esses conceitos. São os Kuuk Thaayorre, que vivem na Península do Cabo York, lá no norte do país. Em vez de "direita" e "esquerda", eles falam em pontos cardeais. Algo como: "Ei, tem uma formiga na sua perna, ao sudoeste". Ou então: "Coloque o seu copo um pouco para o noroeste".

Na língua dos Thaayorre, também não existe um cumprimento do tipo "Oi" ou "Olá, como vai?". No lugar, quando se encontram em uma caminhada, por exemplo, eles dizem: "Para onde você vai?". E a resposta pode ser: "Vou pro nordeste, do lado de lá. E você?".

Se por um lado ninguém dessa tribo tem ideia sobre que raios significa direita e esquerda, por outro eles desenvolveram um senso de orientação espacial muito parecido com o que alguns animais têm, algo que os biólogos acreditavam que nenhum ser humano seria capaz de desenvolver.

A cientista cognitiva Lera Boroditsky, professora da Universidade da Califórnia, estudou essa tribo e vem demonstrando com suas pesquisas como a linguagem molda o pensamento e, portanto, o comportamento das pessoas.[12]

A linguagem é uma habilidade mágica que todos nós temos. Podemos expressar nossos pensamentos mais complicados por meio dela. Tudo pode ser explicado e traduzido em palavras – poetas e jornalistas sabem bem disso. Em códigos verbais, falados ou escritos, informações chegam à mente das pessoas e se transformam em pen-

---

12 BORODITSKY, L. *How language shapes the way we think*. TED. Disponível em: https://www.youtube.com/watch?v=RKK7wGAYP6k. Acesso em: fev. 2024.

samentos. Esses pensamentos geram novas ideias, que também podem viajar para outras mentes por meio da linguagem. Assim, uma cadeia de ideias e pensamentos acontece.

O fato é que, por causa das palavras, somos capazes de implantar ideias na cabeça das pessoas. As mais bizarras inclusive. Quer ver como faço isso agora mesmo? Imagine um elefante de óculos escuros, cachecol e roupa esportiva escalando o Monte Everest enquanto dança hip-hop. Viu? Implantei uma ideia agora na sua mente. Bem maluca, eu sei. Mas você viu essa cena direitinho na sua cabeça, aposto. Afinal, a linguagem cria realidades.

As palavras e a linguagem são tão importantes que foram as responsáveis por transformar a realidade de todos nós, seres humanos, desde tempos imemoriais. Sem elas, não seríamos a espécie dominante da natureza e de outros seres que somos hoje.

Lá atrás, em algum ponto da longínqua história dos nossos ancestrais que viviam em cavernas, certo dia um grupo decidiu desenvolver um sistema de comunicação para compartilhar ideias e cooperar uns com os outros. O mundo nunca mais foi o mesmo depois disso.

Da organização em grupos para caçar e coletar alimentos – o que deu aos nossos parentes distantes, os primeiros *Homo sapiens*, uma enorme vantagem competitiva sobre outros animais – até as trocas de WhatsApp ou a paquera virtual pelo Tinder, a linguagem só nos fez prosperar.

Foi ela quem nos fez ir mais longe do que qualquer outro animal. Como seres da linguagem que somos, saímos do continente africano milhares de anos atrás, povoamos o planeta inteiro e chegamos à lua, enquanto as outras espécies estão confinadas nos ambientes onde os seus genes se adaptaram.

As palavras driblaram os nossos genes, veja só! A nossa linguagem cria tanto a realidade que, em vez de nos adaptarmos aos ambientes, nós os adaptamos às nossas necessidades.

Sem palavras, ninguém teria implantado na minha mente ou na sua a ideia de que o Red Bull pode dar asas. Ou de que é impossível

“AS PALAVRAS DRIBLARAM OS NOSSOS GENES, VEJA SÓ! A NOSSA LINGUAGEM CRIA TANTO A REALIDADE QUE, EM VEZ DE NOS ADAPTARMOS AOS AMBIENTES, NÓS OS ADAPTAMOS ÀS NOSSAS NECESSIDADES.”

comer só um Cheetos. Que tem coisas que o dinheiro não compra, mas para todas as outras existe um cartão de crédito chamado Mastercard. Ou, ainda, que podemos pertencer a qualquer lugar e nos sentirmos em casa se estivermos em um Airbnb.

A LINGUAGEM CRIA IDENTIDADE

Uma das coisas que aprendi cedo como jornalista foi a importância de dar nomes aos fatos e acontecimentos para aumentar a relevância para a audiência. Você vê isso todos os dias no noticiário da TV ou nos sites de informação: "Operação Lava Jato", "Mensalão", "Rachadinha", "Máfia dos Sanguessugas", "Caso Cachoeira" revelado pela "Operação Monte Carlo" da Polícia Federal.

Falando em Polícia Federal, você sabia que a nomeação das operações da entidade já virou marca? Os agentes se empenham em dar nomes criativos para as ações porque sabem que isso traz visibilidade na mídia – e faz bem para a imagem da corporação, claro! A inspiração para esses nomes vem de todos os lugares possíveis: filmes, comidas, expressões populares, científicas, religiosas, mitológicas...

"O nome dessas operações, ora mais informais, ora mais conceituais, trazem consigo uma noção de protagonismo. Analisando os nomes, aqui tem uma visão muito ligada a um espectro redentor da Polícia Federal. [...] Nós estamos operando para redimir os problemas da sociedade ou até mesmo para nos colocar acima do bem e do mal, isso é muito claro em alguns nomes de operações", disse o historiador Victor Missiato, em entrevista à CNN Brasil.[13]

Alguma dúvida de que essa é uma excelente estratégia de branding para a PF, que está sabendo trabalhar bem a sua identidade verbal na tentativa de construir uma imagem positiva da marca?

13 BARBOSA, A. Saiba como são escolhidos os nomes das operações da Polícia Federal. *CNN Brasil*, 22 maio. 2021. Disponível em: https://www.cnnbrasil.com.br/nacional/saiba-como-sao-escolhidos-os-nomes-das-operacoes-da-policia-federal/. Acesso em: fev. 2024.

Chris West, o autor de *Strong Language*[14] também fala sobre como a linguagem pode criar realidades. Ele diz que palavras próprias criam uma identidade na mente das pessoas. Mas como? Através do que ele chama de palavras "particulares". São palavras específicas tomadas (ou até inventadas) pelas marcas para criar um idioma próprio compartilhado por meio de ações estratégicas para criar a noção de comunidade e pertencimento junto ao público.

Com palavras próprias, um estilo particular de texto e um jeito bem específico de fazer transbordar a personalidade na comunicação, algumas marcas criam um senso de propriedade sobre aquela linguagem. Acaba virando um "idioma" particular compartilhado com quem realmente importa: os membros da comunidade que se cria em torno da marca.

E um dos maiores benefícios de ter o seu universo próprio de palavras é que você pode economizar palavras! Sim, isso mesmo. Dá para falar menos e dizer mais. Ou, muitas vezes, não falar nada. Isso também é identidade verbal.

A comunidade que acompanha os canais nos quais a sua marca se expressa passa a entender nas entrelinhas. Assim, até a escolha de se calar em determinada situação comunica muita coisa.

É como a tribo australiana da qual falamos antes. Quem chega de fora não entende como eles se comunicam de um jeito tão diferente da maioria de nós. Não concebe como eles podem pensar em termos de pontos cardeais e não em direita ou esquerda. Acontece que, para eles, essa é a realidade. E não outra.

O ser humano, criativo como é, tem a capacidade de criar novas linguagens o tempo todo. Então, se uma marca pode mudar a linguagem, ela também pode criar uma nova realidade e implantá-la na mente das pessoas. Concorda? Foi exatamente isso o que fez um banco.

---

14 WEST, C. *Strong Language: the fastest, smartest, cheapest marketing tool you're not using. Fayetteville*, Arkansas: Houndstooth Press, 2021. Em tradução livre: Linguagem forte: uma ferramenta de marketing mais rápida, inteligente e barata que você não está usando.

COMO O NUBANK[15] CRIOU MERCADO A PARTIR DAS PALAVRAS

Essa história aconteceu com o colombiano David Vélez, mas poderia ter acontecido – aliás, provavelmente já aconteceu – com você.

Em 2012, recém-chegado ao Brasil, ele tentou abrir uma conta bancária em São Paulo. Ficou preso na porta giratória, sentindo-se quase um criminoso sob os olhares de um guarda mal-encarado, que o fez voltar várias vezes para deixar celular, carteira, moedas e chaves. Depois, passou trinta minutos de pé na fila para conseguir uma simples informação: a relação de documentos necessários para abrir a conta.

Por ser estrangeiro, teve que voltar cinco vezes ao banco e, a cada visita, ficava sabendo de mais uma coisa que precisava providenciar. Em todas elas, a mesma saga de porta-giratória, fila, espera e problema não resolvido. Como você deve imaginar, foi uma frustração como consumidor.

Como era analista financeiro com experiência em empresas internacionais e já tinha decidido se tornar empreendedor, Vélez viu ali uma grande oportunidade. "E se eu criasse um banco sério, que respeitasse as pessoas e não tivesse essa burocracia?".

Pois foi assim, buscando um jeito de resolver um problema geral e real, junto dos sócios Edward Wible e a brasileira Cristina Junqueira, que também apostaram na ideia, que nasceu o Nubank.

"Muita gente falava que era muito difícil, como se fosse ruim o fato de ser difícil. Eu achava ótimo que fosse difícil, porque se é difícil e você conseguir fazer, só você vai fazer. Não vai ter concorrência", disse em entrevista anos depois.[16]

Não era um banco. Na verdade, era uma *fintech* de pagamentos cujo único produto, no início, era um cartão de crédito da bandeira Mastercard. Mas como eles fizeram para entrar nesse mercado gi-

---

15 NUBANK. *Blog Nubank*. Disponível em: https://blog.nubank.com.br/nubank-o-que-e/. Acesso em: fev. 2024.

16 DAVID, Vélez, CEO do Nubank. a criação de um novo banco. *Like a Boss*, 8 nov. 2017. Disponível em: https://www.likeaboss.com.br/episodios/david-velez-ceo-nubank-criacao-de-um-novo-banco/#:~:text=%E2%80%9CH%C3%A1%20quatro%20anos%2C%20quando%20comecei,N%C3%A3o%20vai%20ter%20concorr%C3-%AAncia.%E2%80%9D. Acesso em: fev. 2024.

gante e tão concorrido e se destacar entre grandes empresas financeiras que eram sólidas e tinham a preferência do público?

Simples: começaram mudando a narrativa!

Em vez de se apresentar como cartão de crédito, a empresa se posicionou desde o nome e escolheu palavras que construíram a ponte para o futuro e para o mundo que os sócios visionários queriam criar. O "Nu" do nome tem esse mesmo significado que você está pensando agora: pelado, desnudo, despido. O termo foi escolhido estrategicamente para representar a ausência de burocracia, a transparência e também uma dose de irreverência.

O "bank" já trazia o futuro para o presente de então. Sim, a empresa seria um banco. Diferente, mas um banco. Já estava anunciado.

Assim, o Nubank entrou no mercado com os dois pés na porta, cheio de personalidade, dizendo que tinha chegado para incomodar. E incomodou tanto que criou um segmento de mercado que não existia: o dos bancos digitais, oficializado no Brasil em 2016.

A IDENTIDADE VERBAL DO NU, UM APELIDO CARINHOSO

Como empresa inovadora que é, a identidade verbal teria de ser muito própria e irreverente também.

O cartão do banco logo foi apelidado de "roxinho" por causa da cor (aliás, a identidade visual também teve papel importante, pois a escolha do roxo como cor principal da paleta chamou a atenção). A linguagem sempre foi jovem e muito simples, para todo mundo entender e se conectar. Veja como é apresentada a missão do banco: "Você gosta de agência bancária? De fila? De esperar a sua senha? Se você gosta ¯_(?)_/¯. Mas se cansou disso tudo, conheça o Nubank: digital e 100% grátis".

Além disso, outras palavras, algumas inventadas, se juntaram pelo caminho e reforçam o tempo todo o branding. Alguns exemplos do universo verbal da marca são:

- **Manu:** personagem que dá dicas e ajuda os clientes.
- **Revolução roxa:** o movimento inovador do banco.
- **Meu roxinho:** como os clientes chamam os seus cartões.

- **Vidas roxas:** uma série de vídeos para as redes sociais que compartilham a história de clientes.
- **Pedacinho:** cada ação da empresa quando abriu capital na bolsa de Nova York.
- **NuCommunity:** o nome da comunidade dos clientes e admiradores.
- **NuNiver:** campanha para celebrar o aniversário de clientes fiéis.
- **NuExplica:** série das redes sociais para explicar termos complicados do mercado financeiro.
- **Ultravioleta:** o jeito Nubank de dizer *cashback*, ou seja, dinheiro de volta.
- **O futuro é roxo:** uma das mensagens da marca.

Tem dúvidas de que a linguagem é uma das mais fortes ações diferenciadoras de marketing do Nubank?

O MANIFESTO DA MARCA

Em 2019, o Nubank divulgou uma "carta aberta pela verdade", um manifesto que propôs o movimento #AsteriscoNão no dia da mentira, em 1º de abril.

O nosso interesse aqui não é avaliar o que é verdade ou não nas promessas do banco digital, mas mostrar a forma como a marca usa a linguagem diferenciada como ativo e como você pode fazer o mesmo pela sua.

O manifesto, até hoje muito comentado, foi o seguinte:

Precisamos falar do que as marcas têm disfarçado por todo esse tempo.

Aquelas letrinhas camufladas nas propagandas. E principalmente do símbolo que é usado para esconder o que elas dizem: os asteriscos. Eles sempre aparecem juntos de benefícios grandiosos.

*Ilimitado**

*Taxa Zero**

*Free**

E, lá embaixo, a verdade.

Ou melhor, a parte da verdade que é menos interessante. Os poréns.

"É por tempo limitado." "Somente gastando acima de R$100."

Dia 1° de abril é conhecido como o dia da mentira. Mas todo dia parece um pouco 1° de abril quando marcas usam esse recurso.

Vão dizer por aí que fazer isso não é mentir. Mas, para nós, isso também não é dizer toda a verdade.

Por isso, convidamos toda e qualquer marca a abolir de vez o uso desses asteriscos. Acreditamos que é possível colocar isso em prática.

Então, se você conhece alguma empresa que deveria fazer parte desse movimento, marque o @ dela nas redes sociais.

Viu asteriscos por aí?

Proteste com #AsteriscoNão.

Nesse dia da mentira, vamos fazer um movimento pela verdade.

Se a gente for bem a fundo na narrativa do Nubank desde o início de suas atividades, vamos perceber algo fundamental para toda marca que quer se diferenciar pela linguagem de marca: além de buscar pelas palavras, é preciso se concentrar em encontrar e comunicar apenas o essencial – e espero você no próximo capítulo para falarmos sobre isso.

EXERCÍCIO PRÁTICO: DIAGNÓSTICO DAS SUAS PALAVRAS

Avalie a comunicação do seu negócio ou da empresa na qual você atua a partir das perguntas a seguir:

Existem palavras ou frases muito usadas? Quais são elas?

____

____

____

____

Elas são próprias da sua marca ou são "batidas" no mercado?

____

____

Os consumidores logo se lembram da sua marca quando as leem ou ouvem, ou pensam no concorrente?

____

____

Com qual frequência e em que situações são usadas?

O que você poderia criar ou adaptar em relação à linguagem atual para que seja mais autêntica e diferenciada?

Continue avançando e teste os seus conhecimentos para continuar se desenvolvendo. É só acessar este QR Code.

https://bit.ly/cadapalavraimporta3

CAPÍTULO 5: É TUDO SOBRE O ESSENCIAL

Na Idade Média, o rei Arthur e seus cavaleiros buscavam o Santo Graal. A relíquia preciosa, a fonte da perfeição, aquele elemento único e especial capaz de devolver a paz ao reino. Já no mundo das marcas atualmente, as empresas e os diretores de marketing procuram outro cálice sagrado, aquele que traz outro tipo de paz: a afeição do público.

Com um público apaixonado, outros elementos sagrados chegam: o reconhecimento, a identificação, a confiança, a lealdade... São os componentes dos sonhos de todo cavaleiro moderno que trabalha para tornar a sua marca mais relevante e lucrativa.

E se pensarmos bem, existe mesmo esse Graal dos tempos atuais. A essa altura, você já sabe do que estou falando, certo? É a palavra! Esse é o motivo das grandes cruzadas corporativas atuais.

Aquela palavra exata que diz nada mais que o essencial e chega aos ouvidos e olhos da audiência sem ruídos, sem obstáculos, perfeitamente limpa e compreensível. A palavra que serve de ponte para o entendimento, para o desejo e para a compra.

Entretanto, ela não é assim tão fácil de encontrar, assim como o Santo Graal de antes. É preciso buscar bem, sondar o terreno, cavar fundo. O incrível é que, quando encontrada, aí se percebe que ela sempre esteve ali. Só faltava ser vista!

Seja uma palavra, sejam várias, o importante é que não é sobre todas elas, e sim sobre as essenciais. São as palavras basilares e representativas que fazem a diferença e trazem a diferenciação. Aquelas poucas e exatas, que comunicam tudo o que é preciso – nada menos, nada mais.

O MENOS DIZ MAIS

Eu me lembro bem daquela tarde. Já tem mais de duas décadas, mas nunca me esqueci. Acredito que a gente guarda em um lugar especial da memória aqueles momentos em que aprende grandes lições para a vida.

Eu era uma jovem repórter recém-formada e há pouco contratada pela EPTV, afiliada da TV Globo em Ribeirão Preto, no interior de São Paulo. Fazia calor na imensa redação onde eu trabalhava, apesar do ar-condicionado ligado na temperatura bem baixa.

Tinha acabado de escrever o texto para uma reportagem sobre a falta de chuvas na região – algo comum no meio do ano naquela cidade quente e de baixa umidade. Fiz um texto todo redondinho, conforme ditam os manuais jornalísticos de redação e estilo. Eu escrevi sobre o problema, incluí no roteiro as entrevistas com pessoas que sofriam com a falta de chuva, ouvi um especialista explicando por que naquele ano o clima estava diferente e o calor estava mais intenso. Tudo certo, era o que me parecia...

Terminei de escrever no computador, reli o texto e enviei para a impressora. Em seguida, me levantei, peguei o papel e segui rumo à mesa do chefe de redação. Era Rubens Zaidan, jornalista experiente que há anos trabalhava na televisão e já tinha passado por vários veículos de imprensa – de jornais impressos a emissoras de rádio.

Cheguei tímida, mas querendo impressionar. Achei que tinha escrito algo fenomenal, uma obra-prima, e fui, toda orgulhosa, pedir a opinião dele (na verdade, estava buscando elogios, preciso confessar).

Ele me recebeu, foi atencioso. Leu o que estava impresso no papel e disse, com um tom meio *blasé*:

— Tá legal!

Não era bem o que eu queria ouvir. Onde estava o "maravilhoso", "como você escreve bem!", "está perfeito!"? Passaram-se alguns segundos intermináveis, fixei os olhos nele esperando algo mais e, então, ele completou:

— Olha, está bem escrito. Não tem nada de errado, mas não tem personalidade.

Como assim? Personalidade em texto jornalístico? Esqueceu-se do manual de redação, da pirâmide invertida, das fórmulas de escrita que todo jor-

nalista tem de seguir? Como se tivesse adivinhado meus pensamentos, ele continuou:

— Aqui tem o que se espera de uma boa reportagem. Mas você pode dar a sua cara para ela, pode emprestar a sua personalidade. Dá para fazer esse texto ficar inesquecível!

E foi aí que Rubens me ensinou as três lições que levei para a minha vida como jornalista nos anos seguintes, depois como professora e pesquisadora de comunicação, e agora como estrategista de branding verbal e narrativas de marca.

AS TRÊS LIÇÕES

A primeira delas: busque a clareza incondicional; ela deve ser perseguida a todo momento.

Todos merecem ler, ver ou ouvir e entender perfeitamente o que está sendo transmitido. Deixe de lado o orgulho, a vontade de impressionar e pense no outro. Pense em quem está do outro lado e se pergunte se aquela palavra ou expressão é a melhor que você poderia usar naquela hora. O bom texto, Rubens me ensinou, não ofende o erudito e não é um enigma para quem não decorou o dicionário.

A segunda lição veio emendada na primeira: escreva ou fale apenas o necessário, nem mais, nem menos.

Tire tudo o que for supérfluo, corte as palavras que estão sobrando, deixe as frases menores. Na dúvida, ao terminar, corte o texto pela metade, respeitando a clareza da dica anterior.

E, por fim, a terceira e talvez mais importante lição veio em forma de pergunta:

— Como você pode seguir os dois princípios, respeitar as regras da linguagem e, ainda assim, marcar a sua personalidade no texto para que todos saibam que foi a Cibele quem escreveu?

É essa a pergunta que me faço ao concluir um texto e, por causa dela, quase sempre volto remexendo em tudo depois de ter escrito a primeira versão. Foi assim quando eu era jornalista, é assim também hoje quando escrevo para marcas.

“PERSONALIDADE TEM A VER COM IDENTIDADE. IDENTIDADE TEM A VER COM UNICIDADE. UNICIDADE É CHEGAR À SINGULARIDADE PARA TER PODER DE COMUNICAR APENAS O ESSENCIAL – E SE DESTACAR POR ISSO.”

Personalidade tem a ver com identidade. Identidade tem a ver com unicidade. Unicidade é chegar à singularidade para ter poder de comunicar apenas o essencial – e se destacar por isso. Quando se alcança a comunicação essencialista – aquelas poucas mensagens da marca, a *tagline* que diz tudo ou o nome que antecipa o posicionamento –, chega-se mais rápido às mentes e aos corações.

A narrativa única e simples ajuda a ligar os pontos e contar histórias mais interessantes. No fim das contas, é isso que atrai e cativa o público.

Só que isso é algo a ser buscado incansavelmente, como o Santo Graal.

John Simmons, o primeiro a falar em identidade verbal, acredita que as palavras são mais poderosas que a imagem e que o branding é o caminho para conquistar corações e mentes.

Desde o primeiro livro de Simmons até hoje, o conceito de identidade verbal evoluiu muito no mundo todo – um tanto menos no Brasil, é verdade... Mas, de toda forma, a ideia de encontrar uma identidade para as marcas a partir dos textos sempre foi sobre a busca do essencial.

Pense assim: se é verbal, estamos falando de palavras. Ditas, escritas, ouvidas, lidas. Se tem identidade, é próprio, é característico, é único. Portanto, estamos falando da essência de uma marca revelada a partir das palavras escolhidas para comunicar o essencial!

Veja bem: quando falo sobre o essencial, não necessariamente me refiro a usar sempre poucas palavras para comunicar qualquer coisa ou escrever textos muito curtos. Se fosse assim, eu não estaria escrevendo este livro, ninguém mais daria palestras de uma hora nem gravaria vídeos longos no YouTube, por exemplo.

Essencial na comunicação é dizer tudo o que é preciso, sem enrolação. O tamanho do texto ou da fala vai depender de várias variáveis: o assunto, o canal, o contexto, a profundidade, o objetivo, o público...

Por outro lado, uma coisa é certa: quando você aprende a eliminar o supérfluo e a escavar profundamente o conceito na narrativa das marcas, é possível chegar à essência com até duas ou três palavras. Como o "*Just do it*" da Nike, "*Think different*" da Apple e "Tomou Doril, a dor sumiu".

ESSÊNCIA DE MARCA

Fala-se tanto em essência de marca, mas, afinal, do que se trata?

Eu gosto de usar um exemplo. Imagine que uma marca é uma fruta, como a goiaba. Ela pode ser transformada em suco, vitamina, goiabada, chá, molho, goiaba cristalizada, sorvete, bolo... Mas o que ela nunca poderá ser? Bom, um abacate é uma das opções.

Então, a essência começa a partir das características intrínsecas que definem o que algo é ou pode ser e, ao mesmo tempo, o que não é e nunca poderá ser. A partir dessa constatação, vamos mais fundo para entender a essência de uma marca ao buscar a "verdade essencial" dela.

Para além de todas as características físicas e palpáveis, precisamos perguntar: *o que ou quem de fato ela é? No que ela acredita? O que só ela tem e nenhuma outra pode ter ou copiar?*

Vou trazer um exemplo para ficar mais claro.

Imagine que no seu bairro tem uma padaria especializada em produtos de fermentação natural. Eu sempre gosto de começar pelo não para chegar à verdade e, portanto, à essência da marca. *Então, o que essa padaria não é?*

É óbvio que ela não é uma mercearia, uma farmácia ou uma frutaria. Por isso, você não vai encontrar lá pasta de dente, remédio para dor de cabeça nem banana. Como eu disse, isso é óbvio, mas é aí que muitos negócios começam a errar. Para supostamente atender à demanda de clientes, eles começam a perder a essência e oferecer produtos que não têm nada a ver com a proposta da empresa.

Continuando, a nossa padaria também não é como as tradicionais, que vendem pães com fermentação química. Lá, você só encontra baguetes, roscas, pães de forma e outros tipos, todos feitos com fermento natural. E por que ela é assim? Porque os fundadores acreditam que essa é a maneira mais saudável de oferecer o alimento mais antigo do mundo, presente em todas as culturas ao longo dos milênios.

E no que mais essa marca acredita? Na qualidade de vida de seus clientes, que consumirão apenas bons ingredientes. No sabor que dá prazer e desperta memórias afetivas. No tempo que preserva a natureza do alimento. No pão como forma de união entre as pessoas ao redor da mesa, seja nas refeições principais, no café da manhã ou em celebrações.

Ela se posiciona fortemente, tanto na loja física quanto em seus canais digitais, contra a indústria alimentícia que vende a suposta praticidade e rapidez na hora de se alimentar, mas que provoca o adoecimento lento da população, vendendo produtos químicos no lugar de comida.

Por fim, podemos dizer que a padaria do seu bairro acredita que o pão é um alimento sagrado, assim como a sua saúde. E essa narrativa está presente em todos os pontos de contato dos clientes com a empresa.

Essa é a essência: o pão é sagrado. Olha que incrível! Tanta coisa pode ser dita ou escrita a partir dessa frase essencial. Tantas histórias cabem nesse conceito... Até o nome da padaria poderia comunicar isso. Eu a chamaria de Sagrado Pão, e você?

O importante é entender que, quando se chega na essência, a comunicação fica mais fluida, os argumentos são críveis e o público certo vai se conectar mais facilmente com a ideia. Essa padaria vai atrair gente que acredita em tudo o que ela vende e faz e, por outro lado, vai afastar quem busca *fast food* e comida sem qualidade. E tudo bem!

Agora, se ela se desviar de sua essência e colocar em suas prateleiras pão de forma que dura trinta dias fora da geladeira, aí ela vai ter problemas.

COMO COMEÇAR A BUSCA PELO ESSENCIAL?

Para nosso amigo Simmons, não é na imagem que está a essência; é na palavra escrita. O espírito está na linguagem, ele diz.

Na era pré-internet, fotos e ilustrações dominavam a publicidade impressa. Mesmo quando uma pequena mensagem verbal aparecia, ainda assim, estava lá apenas para complementar as imagens do anúncio. Na televisão e agora na internet, a publicidade visual inclui vídeos, animações e até filmes dramáticos para apresentar os produtos (digitais ou não), evocando as emoções que as marcas querem que as pessoas sintam. E são os recursos visuais as melhores formas de ampliar o reconhecimento e a lembrança de uma marca? É claro que ajudam. Mas sozinhos? Definitivamente não!

"As marcas crescem de dentro para fora. Elas são então percebidas de fora pelos clientes e outros públicos externos, mas serão consideradas falhas se o espírito interior for fraco", escreveu John Simmons.

O sonho de todos os profissionais e empresários de hoje em dia é criar uma comunidade em torno do seu negócio. Uma espécie de clube no qual as pessoas fazem de tudo para ingressar, um lugar onde se compartilham as mesmas ideias e ideais, onde cada um pode ser quem é, sem receio, onde todos têm a chance de conversar e compartilhar histórias uns com os outros.

As palavras identitárias são capazes de gerar esse pertencimento quando bem alinhadas e reconhecíveis pelo público. São elas que evocam histórias. E se as histórias e a linguagem são usadas corretamente, fazem com que o cliente se sinta emocionalmente ligado à marca. Como se ele fosse membro desse clube exclusivo e restrito.

Existem vários caminhos para encontrar essas palavras essenciais que revelam o todo e vamos falar de alguns deles mais à frente, no capítulo sobre narrativa de marca. Mas, por agora, basta que você entenda que é necessário encontrar as palavras certas para comunicar a essência. E o objetivo é fazer com que as pessoas se sintam pertencentes a uma espécie de clube.

Todo clube tem uma sede, concorda? Ele está situado em um lugar e tempo específicos, inserido em um contexto social, econômico, cultural ou ambiental. Por isso, além de ser tudo sobre palavras e sobre o essencial, também é tudo sobre o contexto. E vamos abordar isso no próximo capítulo.

EXERCÍCIO: DESCOBRINDO A SUA ESSÊNCIA

Sim, você já é capaz de escavar sua marca e chegar à essência dela. Responda às perguntas seguintes para descobrir.

1) O que a sua marca não é?
2) O que ela é, então?
3) O que você defende com unhas e dentes?
4) Contra o que ou quem ela se levanta?
5) Do que você não abre mão?
6) Como quer que sua marca seja lembrada?

Agora, escreva a seguir uma frase que resuma a sua essência. Não se preocupe, agora, com a criatividade ou com criar algo totalmente novo. Você vai aprimorar essa frase mais adiante!

Sua jornada gamificada continua! Avance no jogo e ganhe pontos enquanto aprende.

https://bit.ly/cadapalavraimporta4

CAPÍTULO 6:
É TUDO SOBRE O CONTEXTO

Durante alguns anos, eu fui professora universitária. Ensinei jornalismo para jovens que, como eu, tempos atrás, tinham escolhido a profissão pensando em mudar o mundo; entrar na guerra contra as injustiças empunhando uma caneta e um bloquinho de papel, ou apenas um smartphone hoje em dia.

Entre as disciplinas que ministrei, uma das mais empolgantes era a de redação jornalística. O objetivo era ensinar aos estudantes do primeiro período, recém-chegados na faculdade, as diferenças entre o tipo de texto que eles aprendem no ensino fundamental e médio e a escrita técnica do jornalismo.

Eu costumava começar o curso com um exercício aparentemente muito fácil e simples, mas que deixava os jovens sem palavras e os tirava do prumo logo nos primeiros dias. Era intencional. Eu queria que eles se preparassem para serem bons repórteres e redatores no futuro.

Hoje, aplico a mesma técnica de investigação jornalística nos meus projetos de branding verbal. Com ela, consigo chegar ao conceito essencial para a comunicação de uma marca levando em conta o contexto em que a empresa está inserida.

Contexto, essa palavra-chave do nosso capítulo, é o terceiro pilar que precisa ser levado em conta para se chegar a uma identidade verbal potente, verdadeira e que reverbere na mente de quem realmente importa: o público da marca. Mas, antes de explorarmos esse tópico, apresento o exercício que eu aplicava em sala de aula, chamado Narrativa Essencial.

Sugiro que você faça a tarefa aí do outro lado e depois me conte o que achou pelas redes sociais, pode ser?

EXERCÍCIO: NARRATIVA ESSENCIAL

Antes de fazer este exercício, é importante que você conheça o conceito de lide no jornalismo.

Numa notícia, o lide é o parágrafo inicial, a primeira parte do texto que resume, em poucas frases, qual é o fato jornalístico em questão. Ele serve para situar o leitor a respeito do que ele vai ler e também para despertar o interesse pela leitura do restante do texto.

Para Adelmo Genro Filho, em *O segredo da pirâmide*,[17] o lide deve descrever a maior singularidade da notícia. Em geral, ele responde às perguntas: o quê (a ação ocorrida), quem (o agente da ação), quando (o tempo), onde (o lugar), como (o modo) e por quê (o motivo).

Se você ligar a TV num canal jornalístico, ou abrir um site de notícias agora mesmo, vai encontrar lides por toda parte. É um princípio que funciona no jornalismo e, como eu disse, é útil também na escrita estratégica para marcas.

Agora, voltando ao exercício para os estudantes, primeiro, eu pedia a eles que se lembrassem da clássica história da Chapeuzinho Vermelho. Os olhos se arregalavam já com essa ordem.

Daí, eu pedia para que eles reescrevessem a história infantil atualizando para o contexto atual em forma de notícia, como se fosse ser publicada em um jornal de circulação nacional. E o texto deveria começar com o lide, ou seja, com a essência daquela notícia, além de ter um título curto que resumisse a história.

A maioria dos textos começava assim:

"Lobo Mau é preso após devorar Vovozinha.

O Lobo Mau enganou a Chapeuzinho Vermelho e devorou a Vovozinha. O crime aconteceu ontem pela manhã, na casa da velhinha que fica ao lado da Floresta Encantada. De acordo com testemunhas, o Lobo Mau conseguiu se disfarçar de Chapeuzinho, enganando a avó e, dessa forma, entrou na residência. Segundo os caçadores que capturaram o Lobo, a intenção dele era devorar também a Chapeuzinho."

---

17 FILHO, A. G. *O segredo da pirâmide*: para uma teoria marxista do jornalismo. Florianópolis: Insular, 2012.

Até aí, nada errado. Mas os alunos ficavam surpresos quando eu dizia que ninguém tinha acertado o verdadeiro lide conforme as instruções dadas. Ninguém tinha conseguido chegar à narrativa essencial daquela história no contexto atual, que era: "Lobo Mau é pedófilo".

Identificar que o Lobo Mau é pedófilo, no contexto de quem conta e analisa essa história nos dias de hoje, seria o principal achado. É o conceito maior que envolve todos os desdobramentos e respostas a "o quê, quem, como, quando, onde e por quê", caso fôssemos recontar a narrativa conforme a realidade presente, entendendo a narrativa como uma metáfora e analisando todos os possíveis ângulos. Essa seria a essência da história no contexto atual, entende?

Da mesma forma, em todos os conjuntos de informações, dados e fatos – seja no jornalismo ou na comunicação das marcas –, sempre existe o essencial, o fio condutor, que só ganha sentido dentro de um contexto. No caso das marcas, o contexto é o mercado, o público, a concorrência, a política, o meio ambiente, entre tantas outras variáveis.

Uma marca que apenas considera a essência e esquece o contexto na hora de se comunicar corre o risco de ficar falando apenas para si. Afinal, toda personalidade é influenciada e moldada também pelo ambiente. Por isso, não adianta apenas considerar a essência, o olhar para dentro, na hora de estabelecer a identidade verbal de uma marca. **É preciso colocar na balança as circunstâncias, o cenário, o enquadramento em que a empresa ou profissional está inserido.** A grande dica para montar uma boa comunicação: 50% essência e 50% contexto.

Para aprender a enxergar a si mesmo, é preciso ter coragem de olhar para fora e para os lados. É na comparação com o outro que se percebe as próprias peculiaridades. Felizmente (ou nem tanto, a depender da marca), esse "olhar para fora" hoje está bem fácil de ser feito, pois está ao alcance de uma busca no Google ou nas redes sociais, e até pode ser feito com ajuda da inteligência artificial.

Olhar para fora, como eu disse, é ampliar a visão para além da própria marca. **É entender que posição ela ocupa ou quer ocupar em um contexto de mundo, que se assemelha a uma teia com** vários fios entrelaçados, composto de público, concorrentes, mercado, economia, sociedade e muitos outros fatores, a depender do segmento.

Cada caso é um caso, mas todos eles precisam considerar o público e os concorrentes. E é sobre isso que vamos nos debruçar agora.

CONHECENDO A TRIBO

Conhecer profundamente o seu público é o primeiro passo. Afinal, com quem vamos falar?

Se você já empreende, talvez tenha lido ou estudado sobre formas de encontrar o cliente ideal ou a persona do negócio. Talvez tenha dado um nome e uma história fictícia para essa pessoa e esteja criando conteúdo nas redes sociais pensando nesse ser inanimado como se ele fosse de carne e osso. Acho válido seguir esse método no começo da jornada, mas sugiro que, logo que possível, você faça entrevistas ou pesquisas com pessoas reais, ainda que seja com pouca gente. Nada substitui a conversa e com certeza ela vai trazer *insights* que não são achismos.

Para conhecer o público, eu costumo investigar o seguinte:

- **Quais são os objetivos de vida da pessoa hoje?**
- **Quais são os seus maiores medos?**
- **Quais problemas enfrenta antes de conseguir o que quer?**
- **Quais são os seus pontos fracos e desafios principais? E como isso a afeta emocionalmente?**
- **Quem seria após resolver esses problemas?**
- **O que quer de seus produtos e serviços?**
- **Quais aspirações ela tem em relação ao trabalho com você?**
- **Do ponto de vista do cliente, qual seria a melhor experiência que você deveria oferecer?**

Quanto a esta última pergunta, vale uma explicação. A ideia é que você se coloque no lugar do cliente e pense "com a cabeça dele" qual seria a solução ou experiência ideal para resolver aquele pro-

“UMA MARCA QUE APENAS CONSIDERA A ESSÊNCIA E ESQUECE O CONTEXTO NA HORA DE SE COMUNICAR CORRE O RISCO DE FICAR FALANDO APENAS PARA SI.”

blema específico. Com base nisso, você pode "cruzar" essa informação com as possibilidades reais que a marca tem hoje de prestar o melhor serviço, ou oferecer o melhor produto ou experiência, buscando chegar perto desse ideal.

CONHECENDO OS CONCORRENTES

Olhar para fora também significa olhar com carinho para os concorrentes. E por que digo isso? Porque é na comparação com o outro que cada marca pode perceber o que ela tem de melhor, no que ela é muito boa, o que ela faz de diferente, onde impacta de verdade o mundo.

Nessa fase de pesquisar os concorrentes, é bom prestar atenção na comunicação dessas marcas. Como elas se expressam? Quais canais preferem? Qual é o tom de voz nesses canais? De que forma tratam seu público? Existem palavras e expressões próprias e que se repetem? Há um estilo específico e diferenciado de escrita?

Apenas tenha em mente tudo o que falamos anteriormente sobre cair na tentação de copiar outra estratégia, hein? A ideia é estudar, e não copiar. Sabendo o que já existe e o que já está sendo feito, você será capaz de montar a sua estratégia, lembrando-se, claro, de fazer diferente de tudo o que já está por aí para se destacar.

O que você precisa saber:

- **Quais são os concorrentes diretos e indiretos da marca hoje.**
- **O que fazem que você admira.**
- **O que fazem que você gostaria de fazer diferente.**
- **Além de produtos e serviços que a sua marca oferece, quais são as opções do seu potencial cliente no mercado para resolver os problemas dele.**

Uma explicação sobre esta última questão (e por que ela é importante!): ao se perguntar como o potencial cliente poderia resolver o problema dele de outra forma, além do serviço ou produto que a sua empresa oferece, você está ampliando a sua visão sobre o mercado, sobre as possibilidades de escolha (e até de não escolha) que o público tem. Assim, pode melhorar muito a comunicação a partir dessas constatações. Isso só vai ajudá-lo a encontrar as melhores palavras para a identidade verbal da marca.

CONTEXTO E AMBIÊNCIA: O QUE ESTÁ ACONTECENDO AO REDOR E NO MUNDO?

Todo mundo sabe a importância de conhecer o público e investigar a concorrência. Mas nem todos fazem uma boa varredura nas notícias sobre o próprio setor ou segmento no Brasil e no mundo.

Para que a identidade verbal não nasça enviesada ou alienada, é preciso buscar atualização a partir dos fatos que são notícia e que se relacionam com a marca de alguma forma: seu público, seu serviço, suas causas, seus produtos e serviços, entre outros elementos.

E aqui já vai uma ressalva: essa atualização deve ser constante. Uma identidade verbal não pode ficar parada no tempo. A essência se mantém sempre, mas ela precisa ser atualizada com frequência porque as marcas são vivas. O mundo muda, a sociedade muda, e as marcas também precisam mudar.

Por isso, mantenha este *checklist* em dia:

- **Esteja atualizado com os fatos que são notícia do seu setor no Brasil e no mundo.**
- **Pesquise o seu mercado no Brasil e no mundo.**
- **Faça levantamento de frases ou palavras muito usadas.**
- **Busque referências em filmes, séries e livros atuais.**

O McDonald's sabe muito bem fazer isso. Em cada país onde atua, adapta suas mensagens de marca, os nomes dos produtos e até os próprios produtos. Em 2023, provavelmente depois de compreender o crescente movimento vegetariano no mundo, a empresa lançou o McPlant em países como Dinamarca, Reino Unido,

Irlanda, Áustria e em alguns estados americanos.[18] E, claro, atualizou o seu discurso para incluir o novo público. Em Portugal, a página do site que divulga o novo lanche diz: "O McPlant chegou com tudo. Parece um hambúrguer, cheira a hambúrguer, é claramente um hambúrguer do Mac... Mas... de vegetais". E o slogan é: "Icônico e único, com o sabor de sempre".[19]

Neste capítulo falamos sobre contexto. E o contexto de agora, enquanto escrevo este livro, é a dominância cada vez maior da inteligência artificial generativa e seus impactos em todos os mercados. Então, eu vou aproveitar essas notícias e abordar o impacto do digital sobre as marcas no próximo capítulo.

18 MCDONALD'S lança primeiro hambúrguer à base de planta no Reino Unido e na Irlanda. *Mercado & Consumo*, 28 fev. 2023. Disponível em: https://mercadoeconsumo.com.br/28/02/2023/foodservice/mcdonalds-lanca-primeiro-hamburguer-a-base-de-planta-no-reino-unido-e-na-irlanda/?cn-reloaded=1. Acesso em: mar. 2024.

19 MCDONALD'S PORTUGAL. *McPlant*. McDonald's Portugal. Disponível em: https://www.mcdonalds.pt/mcplant. Acesso em: mar. 2024.

CAPÍTULO 7: É TUDO DIGITAL

Enquanto escrevo este livro, em 2023 e 2024, a novidade da vez é a utilização da inteligência artificial (chamada de IA) para praticamente tudo, inclusive para a redação de textos, muitas vezes, mais bem escritos do que alguns humanos seriam capazes.

Nesse hiato entre o que estou vendo acontecer agora até quando este livro vai chegar às suas mãos ou ao seu Kindle, é bastante provável que a ferramenta tecnológica-digital da vez seja outra. Talvez, até uma que nem foi inventada ainda. Ano a ano, a gente é surpreendido por algo novo para chacoalhar as velhas certezas e modos de fazer.

E sempre surge aquela dúvida: será que a máquina vai substituir o ser humano? Será que a tecnologia de agora vai suplantar a anterior? Será que alguns canais deixarão de existir em detrimento de outros? Muitas perguntas, nada de respostas óbvias.

Eu já passei por muitas transformações sociais e tecnológicas durante minha vivência profissional e acadêmica (e também já ensinei sobre a evolução dos meios de comunicação ao longo do século passado na disciplina de história da comunicação) para ter ao menos uma certeza: as mudanças de fato estão acontecendo rápido, mas não dá para sentenciar muita coisa sobre o futuro. A não ser uma coisa: ele será cada vez mais digital.

Quando eu entrei na faculdade, na década de 1990, a discussão naquela época era sobre a perda da "aura" artesanal do jornalismo com a informatização das redações. Sim, porque pouco tempo antes o barulho das máquinas de escrever era música para os jornalistas em seu ofício.

Logo depois, quando eu já atuava como repórter e redatora no jornal *Folha de S.Paulo*, a possibilidade de acessar bancos de dados gigantescos através da recém-chegada internet era vista como "preguiça" pelos jornalistas da velha guarda que gostavam da pesquisa em bibliotecas, arquivos públicos, jornais antigos e outros bancos de dados (hoje considerados) analógicos.

Passaram-se mais alguns (poucos) anos e a grande mudança foi a substituição das gravações analógicas para as digitais. Essa foi uma transformação importante. Eu já trabalhava na televisão e vi isso acontecer na minha frente: de um dia para o outro, praticamente, não era mais necessário levar dezenas de fitas para uma gravação de vídeo publicitário ou jornalístico; bastava um chip.

Com a internet rápida, veio a possibilidade de fazer transmissões ao vivo sem uma tonelada de equipamentos, usando somente uma câmera ligada ao satélite. Hoje, todos sabem, basta um celular conectado a uma boa rede de internet. E amanhã? Não dá para ter certeza dos detalhes, mas sabemos que será cada vez mais digital.

E o que isso tem a ver com a comunicação das marcas? Bem, dá para a gente dizer sem medo de errar que ela mudou, que continua mudando, e que vai ser cada vez mais ligada aos canais digitais. Simplesmente porque é lá que as pessoas estão!

Há hoje mais canais de comunicação do que nunca houve antes, e as marcas querem estar presentes onde seu público está. Muitos desses canais são redes sociais dominadas pela linguagem, como WhatsApp, Twitter, Instagram, Telegram, YouTube, Tik Tok, Messenger, LinkedIn, Kwai, Pinterest, Facebook, Snapchat, Twitch... Isso sem falar em Discord, Clickup, Slack e outras tantas ferramentas de comunicação.

Essa mudança toda de paradigma na comunicação – do unidirecional para o bidirecional, como falamos na introdução – afetou a forma como as pessoas se expressam no dia a dia e as trouxe para mais perto das marcas. Hoje, todo mundo está mais "conversativo".

E o que as marcas inteligentes fazem? Abrem-se para essas conversas.

Como já falado, a transformação digital possibilitou o surgimento de uma voz coletiva, deu poder às pessoas sobre as marcas e sobre as pautas gerais. A sociedade mudou muito nos últimos anos, principalmente depois da pandemia do coronavírus, e o digital se impôs em todos os lugares, contextos, ambientes e momentos. Mas tem outras coisas para analisarmos.

Os clientes querem dialogar com as marcas que eles escolheram. Eles buscam saber mais sobre as pessoas da organização, sobre as causas e os propósitos da instituição e muitos outros detalhes que antes não entravam na conta quando consideravam comprar ou não determinado produto ou serviço.

As marcas que se preocupam com o nível da conversa estabelecida nesses canais e que trabalham a sua personalidade nos seus textos conseguem se afastar de uma conceituação de entidade corporativa inalcançável, quase sobrenatural, para ser alguém como seus consumidores, "gente como a gente", alguém com quem se abrir para conversar.

As marcas hoje falam como pessoas, lembra? **Se de um lado tem um monte de gente querendo conversar nos ambientes digitais, do outro lado é preciso ter marcas preparadas para entrar nessa conversa e levá-la adiante.**

A voz coletiva, que eu mencionei há pouco, cobra posicionamento dos profissionais e das empresas. Ela quer saber a opinião do seu *influencer* favorito sobre a temática do momento, mas também quer saber o que a marca de sabão em pó tem a dizer sobre a poluição de rios e nascentes e o que a fabricante de vinhos pensa sobre trabalho análogo à escravidão nos parreirais.

Antes isso não existia, mas agora existe e veio para ficar. Quem é pego desprevenido e se atrapalha nas respostas não tem voz potente. Então, perde clientes e perde mercado. E é aí que entra a necessidade do cuidado com as palavras e com toda a linguagem da marca.

O DIGITAL MUDOU O SOCIAL

Antes funcionava assim: a empresa criava um anúncio comercial para ser exibido na TV local que, no subtexto, dizia para o consumidor: "Olha, eu sou a marca X. Eu sou assim e você tem que me engolir".

Agora, nas redes sociais e canais digitais, ela precisa mudar o discurso. O subtexto é: "Olha, eu sou a marca X. Eu sou legal, eu me preocupo com você, com a sua realidade, com o meio ambiente... Eu acho você legal também. Vamos ser legais juntos?".

“O QUE AS MARCAS INTELIGENTES FAZEM? ABREM-SE PARA CONVERSAS.”

Veja que é sobre relacionamento. É sobre se abrir para a conversa. E é por isso que a voz de marca e o branding verbal agora importam mais que nunca! **E trabalhar a linguagem da marca – ironicamente, uma ferramenta que exige investimento bem baixo se comparado aos altos custos do marketing e da publicidade – se tornou a melhor forma de se diferenciar nesse mercado competitivo.**

Já estudamos o *case* do Nubank e, agora, vamos ver provas de como o investimento em linguagem fez algumas marcas alavancarem seus ganhos e crescerem exponencialmente.

COMO NATURA[20] E SALLVE[21] SE DIFERENCIAM PELA VOZ DA MARCA

Basta uma ou duas frases para você perceber imediatamente quem escreveu cada peça de copy. Natura e Sallve são empresas brasileiras do mesmo segmento: beleza. Vendem a mesma coisa: produtos cosméticos. Têm valores parecidos: sustentabilidade, diversidade, autoaceitação da beleza natural, sem testes em animais. Onde elas se diferenciam então?

Poderíamos dizer que é no modelo de negócios? Na entrega? Na experiência do consumidor? Sim, isso tudo pode ser levado em conta. Mas, o que as diferencia mesmo, logo no primeiro contato, antes de uma pessoa decidir se tornar cliente, é a linguagem, a voz e a narrativa de cada marca.

A Natura acredita em um mundo em que o importante é cada pessoa estar bem consigo mesma e usar produtos para realçar a sua beleza natural. A Sallve quer criar um mundo mais inclusivo, acolhedor, que conecta pessoas e ideias para desenvolver fórmulas para necessidades reais.

A Natura é uma empresa tradicional que incentiva a brasilidade, o pequeno produtor dos mais escondidos rincões do Brasil, os princípios ativos da nossa terra. A Sallve é uma empresa nativa digital que tem o objetivo de "criar produtos de alta qualidade, com fórmulas seguras, preços justos e cocriadas com os consumidores".

A Natura fala num tom de autoridade, propriedade e segurança sobre tudo o que diz. É uma marca com mais de 50 anos de mercado, uma

20 NATURA BRASIL. *Nossa história.* Natura Brasil. Disponível em: https://www.natura.com.br/. Acesso em: fev. 2024.

21 SALLVE. Sobre. Sallve. Disponível em: https://www.sallve.com.br/pages/sobre. Acesso em: fev. 2024.

das mais valiosas do mundo, e que se mantém fiel à sua essência desde o início. Foi pioneira em trazer os conceitos de sustentabilidade, autenticidade e relacionamento quando ninguém falava sobre isso. Também foi uma das primeiras a trabalhar com comunidades de pequenos produtores de matéria-prima e trouxe para o mercado a ideia de que as pessoas não devem se guiar por estereótipos como padrões de beleza.

A Sallve é uma *startup* com poucos anos de vida que rapidamente conquistou o público e uma boa fatia do mercado de beleza brasileira. Ela fala do lugar de amiga e confidente, daquela que está sempre ali para ouvir e encontrar a solução perfeita para cada problema do cliente. Curiosamente, a marca foi lançada no início de 2019 sem nenhum produto à venda! Nos primeiros meses, o foco foi total em criar relacionamentos e conversas íntimas com o público.

As personalidades das duas marcas são muito bem delineadas e comunicadas em todos os pontos de contato, desde o *e-commerce* até as redes sociais, o e-mail marketing e o atendimento individualizado. E é cada uma dessas interações que cada uma delas revela a própria identidade verbal.

Vamos fazer um teste rápido? Leia a seguir trechos de textos publicados como legenda em postagens no Instagram da Natura e da Sallve. Ambos anunciavam produtos das marcas.

TEXTO 1

Espinha no bumbum?

Nosso Kit Bumbum Demais foi pensado exatamente para tratar a acne e a foliculite na região, reunindo três fórmulas incríveis que, além de reduzir aqueles pelos encravados e espinhas que surgem com o atrito das roupas apertadas e o suor, uniformiza o tom e a textura e hidrata para um bumbum demais e supermacio.

TEXTO 2

Ao cuidar do seu corpo, você garante benefícios para você e para a #AmazôniaViva. Com um potente ativo antirressecamento, ela mantém sua pele intensamente nutrida e macia. Além disso, ela fortalece famílias guardiãs da floresta, contribuindo para a regeneração da Amazônia.

E aí? Fácil, não é? Mesmo que você não conheça as marcas, só pelas descrições que fiz antes de colocar os textos, aposto que conseguiu perceber a diferença na comunicação.

A Sallve sempre traz os clientes para seus conteúdos de marca e também considera a opinião deles na criação de produtos. Como uma marca amiga e confidente para toda hora, ela escreve como quem está falando frente a frente com o leitor. Dispensa formalidades, usa e abusa dos emojis, das marcas linguísticas da oralidade e até da nomeação de produtos que seguem um padrão bem coloquial.

A Natura é soberana. Fala do lugar de quem sabe o que diz. Mostra em seus textos que seus produtos são fruto de pesquisa séria com ativos e ingredientes naturais. Ela mostra que se preocupa com o meio ambiente e com a sustentabilidade do planeta. E isso é assunto sério, não é para brincadeira. Por isso, a linguagem segue o tom informal, porém sem subversões à gramática. Há também a preocupação com a linguagem inclusiva: todos os textos das redes sociais são reescritos com a descrição da imagem para que pessoas com deficiência visual consigam compreender a imagem através da *hashtag*.

As mensagens das marcas reforçam tudo isso. E enquanto uma já nasceu no digital, a outra migrou para essa plataforma conforme as mudanças da sociedade. Mas ambas, atualmente, nadam de braçada na conversa com o público.

A Natura, ao longo de sua história, trouxe slogans como:

- **"Verdade em cosmética."**
- **"Bonita de verdade."**
- **"Bem estar bem."**

Ou frases como:

- **"O mundo é mais bonito com você."**
- **"Nossas escolhas por um mundo mais bonito."**
- **"Beleza livre de estereótipos."**
- **"Nossa história é feita de cosméticos e relações."**

E palavras-chave:

- **Sustentabilidade.**
- **Aceitação.**
- **Diversidade.**
- **Verdade.**
- **Compromisso.**

A Sallve reforça seu posicionamento com o slogan "Viva a sua pele" e compartilha mensagens como:

- **"Cocriamos nossos produtos com milhares de pessoas."**
- **"Dá pra ser diferente? A gente acredita que sim."**
- **"Para a pele brasileira"**
- **"#pelesallve da [nome do cliente]."**
- **"Vamos conversar?"**
- **"Ouvir, aprender e melhorar."**

E as palavras-chave são:

- **Necessidades reais.**
- **Conversas sinceras.**
- **Escolhas seguras.**
- **Fórmulas incríveis.**
- **Comunidade.**

Toda marca pode se diferenciar no meio digital a partir do seu território de palavras e da sua linguagem. E isso é poderosíssimo! Os redatores das empresas devem saber de cor e salteado como é a voz da marca, qual o tom mais adequado para cada canal e quais os elementos verbais mais importantes para cada situação ou contexto.

Na balança do branding e da estratégia de construção de uma marca forte, palavras são tão importantes quanto o design e os símbolos visuais. E tem mais: a estratégia verbal deve vir antes da visual... Quer ver?

CAPÍTULO 8: A BALANÇA DESCALIBRADA E A PERCEPÇÃO

Já viu aquelas balanças antigas, com dois pratos, um de cada lado? O mecanismo desse tipo de balança rudimentar, muito usada no comércio antigamente, era bem simples: em um dos lados, era colocado um peso de metal; no outro, a coisa que precisava ser pesada. Quando o peso da mercadoria correspondia exatamente ao do objeto de metal, os pratos ficavam equilibrados, no mesmo nível. E se um deles pesasse mais, um prato descia e o outro subia.

Essa é uma bela alegoria para explicar uma coisa que acontece hoje em dia: o desequilíbrio entre visual e verbal.

Se você capricha muito no seu design e pouco no seu texto, pode cair em um dos maiores erros da comunicação do mundo on-line: enviar mensagens opostas ou contraditórias. E, claro, confundir quem recebe essas mensagens. Existe até uma teoria para explicar isso, a do duplo vínculo.

O antropólogo Gregory Bateson fez um estudo[22] e mostrou que, quando duas mensagens contrárias são enviadas ao mesmo tempo, uma invalida a outra para quem as recebe, mesmo que uma delas esteja certa.

O exemplo que ele deu foi o seguinte: imagine um filho olhando para a mãe. Ela está fazendo suas tarefas e o menino quer atenção.

---

22 COSTA, M. Duplo vínculo: Contribuições de Gregory Bateson para a comunicação. *Revista Fenexis*: Estudos Fenomenológicos Existenciais, [S. l.], v. 1, n. 1, p. 94-104, 2023. Disponível em: https://periodicos.ufac.br/index.php/fenexis/article/view/7087. Acesso em: mar. 2024.

Ela fala "eu te amo", mas a linguagem corporal diz o oposto. A mãe está muito estressada, e a criança é capaz de perceber a frieza e o desprezo. Como foram emitidas duas mensagens contraditórias ao mesmo tempo, mesmo que a criança se esforce por acreditar que a mãe a ama, ela não vai acreditar 100%.

A mesma coisa acontece no mundo digital. Há pessoas e marcas constantemente enviando mensagens opostas, com visual e verbal desconectados, mesmo que não percebam que estão fazendo isso.

Aonde quero chegar?

O que importa na comunicação é o que é percebido. Se você está enviando sinais contraditórios (se capricha na identidade visual e tem zero cuidado com o verbal, ou vice-versa), está comunicando confusão – e, sinto dizer, está perdendo tempo e dinheiro...

Mas, se você trabalha a sua identidade visual e a sua identidade verbal, vai equilibrar a balança entre o que quer comunicar e o que as pessoas vão entender. Aí, sim, seus recursos trarão resultados.

O equilíbrio entre identidade visual e verbal é fundamental para uma comunicação eficaz. Assim como o contrapeso de metal e as mercadorias precisam estar equilibradas para manter os pratos nivelados, a harmonia entre o visual e o verbal é crucial para manter a coerência e evitar confusão na era digital.

Pensando nessa analogia, é interessante notar como os princípios da teoria do duplo vínculo, proposta por Gregory Bateson, se aplicam não apenas nas interações humanas cotidianas, mas também no contexto on-line. Assim como uma criança que recebe uma mensagem de amor por meio da fala, mas percebe sinais contraditórios na linguagem corporal da mãe, os consumidores digitais podem sentir desconexão quando a estética visual não está alinhada com a mensagem textual.

Imagine, por exemplo, se a Natura, com seu discurso de sustentabilidade e valorização das matérias-primas naturais, tivesse um site com tons em preto e cinza e usasse imagens de grandes centros urbanos, prédios e cidades poluídas. Não ia combinar, concorda?

Ou se a Sallve, que tem uma comunicação jovem e descolada, usasse como modelos em suas redes sociais homens engravatados e mulheres executivas de terninho e salto alto dizendo coisas como: "O verão tá aí e a gente tá animado demais para fazer parte do seu! Conta pra gente quais são as fórmulas da Sallve que vão te acompanhar na praia, na piscina, na viagem, na fazenda ou pela cidade só no relax mesmo...". Também não ia dar certo.

O público interpreta não apenas o que percebe racionalmente, mas o que intui ou não inconscientemente. Se, por exemplo, um site tem um design moderno e atraente, mas o conteúdo textual é confuso ou pouco informativo, a experiência vai ficar comprometida. Ou, então, se nas redes sociais as postagens são visualmente atraentes, mas o texto peca em clareza, a mensagem não se completa.

O VERBAL VEM ANTES

Se você for designer, talvez torça o nariz para esse intertítulo que acabou de ler, mas eu realmente acredito nisso e vou explicar o motivo. Inclusive vou explicar por que cuidar da identidade verbal antes da identidade visual vai, inclusive, ajudar os designers. Acompanhe o meu raciocínio.

Dizem que uma imagem vale mais que mil palavras, não é? Sim, vale mesmo. Ninguém questiona o poder da imagem. Ela é capaz de atrair, impactar, emocionar... Mas é a palavra que direciona o entendimento. É o verbal que diz o que o público deve perceber. Como interpretar uma foto jornalística sem a legenda? O que é um site lindo sem palavras?

Se uma marca deixa que as suas imagens possam ter mil interpretações, algo pode sair do controle. **Em branding, trabalha-se para construir alinhamento entre intenção e percepção. E a comunicação verbal é a estratégia capaz de fazer isso.**

Quando a identidade verbal é pensada antes da visual, todo o "trabalho duro" de estratégia global da marca (que vai se refletir também na comunicação de marketing e no discurso de vendas) já nasce bem alinhado. Os elementos verbais, quando definidos, ajudam a compor a estratégia visual.

Quem já fez um trabalho sério de identidade visual sabe que todo bom designer vai se aprofundar na história da marca, nos seus valores, na sua visão de mundo e vai buscar palavras que possam ser representadas com elementos gráficos e imagens. Por isso, levar para esse profissional um guia prontinho de identidade verbal vai facilitar muito o trabalho dele, concorda? Eu digo isso com toda a convicção que os meus mais de vinte anos de experiência em comunicação me deram.

Lembre-se: **o que importa é o que é percebido! Mas a percepção pode mudar. E as marcas precisam estar sempre atentas a isso.**

THE BODY SHOP[23] E A MUDANÇA DE POSICIONAMENTO

Por décadas, a indústria da beleza mundial vendeu a "fórmula da juventude", os cremes capazes de retardar o envelhecimento, as loções que fariam a pele das mulheres maduras voltar a ter o viço de quando eram moças. Mas, de repente, esse discurso deixou de ser legal e passou a ser percebido de outra forma, como uma pressão da indústria cosmética, como uma não aceitação do tempo e do envelhecimento natural feminino. E essa propaganda, olha que ironia, envelheceu!

A The Body Shop, marca mundial de produtos cosméticos femininos, logo se deu conta desse fato e decidiu agir. Em 2021, uma pesquisa da Global Self Love Index[24] trouxe uma constatação a partir da opinião de pessoas do mundo inteiro: a indústria da beleza pode ter um impacto negativo na autoconfiança das mulheres.

E uma simples palavra foi entendida como a grande responsável por causar esse impacto nocivo nas mulheres. Portanto, mudá-la

---

23 THE BODY SHOP. *Nossa história*. The Body Shop Brasil. Disponível em: https://www.thebodyshop.com.br/nossa-historia. Acesso em: mar. 2024.

24 THE Body Shop. *Global Self Love Index*. Disponível em: https://thebodyshop.a.bigcontent.io/v1/static/019-Q1-2021-SELFLOVE-SELF-LOVE-INDEX-PDF-3. Acesso em: fev. 2024.

“SE VOCÊ TRABALHA A SUA IDENTIDADE VISUAL E A SUA IDENTIDADE VERBAL, VAI EQUILIBRAR A BALANÇA ENTRE O QUE QUER COMUNICAR E O QUE AS PESSOAS VÃO ENTENDER. AÍ, SIM, SEUS RECURSOS TRARÃO RESULTADOS.”

faria uma grande diferença na comunicação da marca. A palavra é "antienvelhecimento" ou "*anti-ageing*", que ainda consta em muitos frascos de cosméticos por aí...

A carga semântica do termo é, de fato, bem pesada. Dá a ideia de que é permitido não envelhecer, de que dá para se manter jovem para sempre ou retardar o envelhecimento. E isso pode ser cruel.

A The Body Shop decidiu romper essa corrente e mudar o discurso, antenada com a percepção do público a partir da pesquisa de 2021. Então, de forma corajosa, resolveu mudar o nome de sua linha de produtos mais vendida e rentável para jogar a narrativa antienvelhecimento no lixo.

O Drops of Youth (ou o nada sugestivo Gotas de Juventude) passou a ser chamado de Edelweiss. E por que esse nome? Por dois motivos:

Edelweiss é uma flor que cresce nos Alpes. Como naquelas alturas há ventos de fazer a gente levantar voo e o frio é de arrancar a pele, habitar ali é um milagre. Então, existir uma flor naquele lugar também é um milagre. A planta sobrevive por meio do seu ácido, que a reveste e protege naquelas condições desfavoráveis. E, de quebra, essa proteção a deixa belíssima.

O outro motivo é que a Edelweiss sempre esteve na fórmula do antigo Drops of Youth. A The Body Shop apenas se aproveitou de um ingrediente já presente no produto para melhorar a fórmula, mudar o nome e alterar a narrativa, a fim de comunicar o novo posicionamento da marca, conforme o que acredita ser melhor para as mulheres.

A mudança visual também acompanhou a verbal neste caso, claro. Embalagens, logo, rótulos... tudo mudou de forma sutil e se atualizou. O objetivo foi equilibrar os pratos e promover a percepção alinhada com a intenção pretendida. E o resultado deu certo!

"O PRINCÍPIO É O VERBO..."

E, portanto, eu posso ajudar você a criar uma comunicação potente para a sua marca. Toda voz de marca atua em três níveis, de acordo com Chris West, já citado anteriormente. E para explicar como isso acontece, vamos fazer uma viagem aérea, seguindo a analogia do autor de *Strong Language*.

10 mil pés de altura

"Atenção tripulação: 10 mil pés." Se você viaja de avião, com certeza já ouviu o comandante dizer essa frase. Isso significa que a aeronave está a cerca de 3.300 metros de altura e que foi concluído o processo de decolagem.

Nessa altitude, se as nuvens permitirem, o passageiro consegue olhar para baixo e perceber a paisagem. Vai identificar se está em uma área urbana ou rural, se a região é de montanhas ou de praia, se sobrevoa uma megalópole ou uma floresta. É possível perceber a "vocação" daquela região, suas formas e cores e um pouco sobre as pessoas que vivem nela.

Da mesma forma, no nível mais abrangente da linguagem de uma marca, temos uma impressão geral sobre a visão de mundo dela, suas crenças e causas, contra o que ela se ergue. Conseguimos entender aspectos amplos de sua comunicação e perceber qual é o público geral que consome aqueles produtos e serviços.

Essa é a narrativa ampla que antecipa porque e para quem a marca existe. E é esse primeiro nível que guiará os outros dois.

A mil pés do chão

Quando a aeronave começa a se preparar para o pouso, o comandante inicia o procedimento de descida até chegar a mil pés, com a velocidade reduzida. Aqui, já mais pertinho do chão, cada passageiro tem uma visão um pouco melhor da paisagem.

É possível saber, por exemplo, se você sobrevoa o interior de Minas Gerais, com seus montes e rios, ou o interior de São Paulo, onde as plantações de cana-de-açúcar tomam conta. Você consegue perceber se está sobre a capital paulista, onde se vê a cor cinza dos prédios, as grandes avenidas cheias de carros, ou se sobrevoa a cidade do Rio de Janeiro, onde as edificações e vias convivem com o mar e os morros do Corcovado ou do Pão de Açúcar.

Nesse nível intermediário, conseguimos compreender a personalidade dessa marca. É onde efetivamente a voz da marca se mostra.

Aqui, temos uma impressão mais sólida da identidade da marca a partir de como ela se expressa. É uma marca formal ou mais descontraída? É possível identificar um arquétipo dominante? Sua comunicação é técnica e específica para um grupo profissional ou é mais ampla e voltada para um grande público? É inspiradora ou mais objetiva? Prefere explicar tudo minuciosamente ou deixar que o leitor interprete do próprio jeito?

Esse é o segundo nível da linguagem de marca percebida por todos os públicos. É importante desenvolvê-lo com coerência para não criar distorções de percepção que podem abalar a confiança e a credibilidade da empresa.

Você vai desconfiar, por exemplo, de uma marca que compartilha uma visão de mundo de respeito às pessoas e ao meio ambiente, mas que se comunica de forma seca demais, sem empatia e que não responde aos comentários deixados na página do Instagram, concorda?

No nível do chão

Finalmente, o avião pousa. Você olha pela janela e vê cada detalhe. Consegue ler o nome do aeroporto escrito no terminal, vê os prédios com mais detalhes, as pessoas que trabalham ali e até frases e números espalhados pelo pátio das aeronaves. Se estiver em Guarulhos, verá prédios no entorno. Se estiver no Galeão, no Rio de Janeiro, verá o mar.

O terceiro nível da voz de marca é como estar em solo firme depois de uma viagem aérea. Você teve uma impressão geral quando conheceu a marca "lá de cima", depois percebeu o jeito e a personalidade dela e, agora, consegue identificar detalhes bem específicos, como as escolhas gramaticais, palavras e expressões próprias, diferenças e nuances de estilo em cada canal, jargões usados ou evitados.

Esse terceiro nível confirma os dois anteriores, materializa a narrativa, a personalidade e dá o tom da linguagem da marca.

Todas as pessoas que se relacionam com uma marca – leitores, consumidores, jornalistas, investidores, colaboradores – fazem avaliações mentais instantâneas a partir desses três níveis. Por isso, as escolhas não podem ser aleatórias e sem critério.

Manter a coerência entre a narrativa, a personalidade e a linguagem compartilhada com o público é fundamental para desenvolver uma percepção consistente sobre o negócio. Portanto, na próxima parte, você vai entender como nasce e de onde vem a identidade verbal de uma marca, vamos lá?

Que tal continuar o game participando de mais um desafio? Já sabe como funciona, é só acessar o QR Code.

https://bit.ly/cadapalavraimporta5

PARTE 3

PRÁTICAS: COMO NASCE UMA IDENTIDADE VERBAL

CAPÍTULO 9: A NARRATIVA ENCANTANTE

A narrativa de uma marca é o fio da meada. É o rumo da conversa que ela quer estabelecer com o público (tanto interno quanto externo). É o eixo que direciona ações e movimentos e mantém a coerência todo o tempo.

Uma boa narrativa de marca dá sentido e significado para tudo o que ela faz e entrega. Da criação de produtos ao ponto de venda físico ou digital, das campanhas de marketing ao relacionamento com os clientes, do plano de metas anual ao planejamento de longo prazo.

E como criar uma boa narrativa de marca e, portanto, uma boa conversa? Antes, é importante responder à pergunta seguinte.

O QUE É NARRATIVA?

Se você for buscar o significado dessa palavra na internet, vai descobrir que narrativa é uma sequência de fatos interligados que ocorrem ao longo de certo tempo. Ela está ligada à linguagem e é tão importante para os seres humanos que nós não vivemos sem ela. **Narrativas são como simples regras que nos ajudam a entender o mundo.**

Lembra que eu disse, no primeiro capítulo, que a linguagem nos constituiu como seres humanos e nos fez sair das cavernas para dominar a natureza? Pois foi a nossa capacidade de construir narrativas a partir da linguagem que nos possibilitou compreender o mundo e a nós mesmos.

Se presenciamos dois eventos muito perto um do outro no tempo, automaticamente criamos uma narrativa mental para estabelecer uma relação entre eles e chegar a uma conclusão. Quer um exemplo? Eu vejo um raio no horizonte e, segundos depois, ouço um barulho

“NARRATIVAS SÃO COMO SIMPLES REGRAS QUE NOS AJUDAM A ENTENDER O MUNDO.”

forte. Então eu concluo que o barulho que ouvi é de um trovão, e que uma tempestade se aproxima.

No mundo barulhento de hoje, cheio de sinais e coisas acontecendo o tempo todo, nossa mente trabalha de forma incansável construindo narrativas para tentar colocar ordem e sentido na vida.

Quando somos confrontados com eventos novos, nosso cérebro faz uma busca rápida em nosso repertório de histórias pré-existentes e tenta encontrar uma relação entre eles para criar um significado ou até decidir se precisamos agir. O cérebro fica confuso quando algo não está seguindo uma narrativa conhecida e, por isso, tende a ignorar ou desprezar – e essa é uma habilidade essencial para a vida humana.

Imagine os seus ancestrais lá das cavernas, milhares de anos atrás. Um parente seu bem distante sai em busca de alimento e, caminhando pela floresta, ouve um grunhido baixo, aparentemente vindo de longe. Ele anda mais um pouco e ouve outro grunhido, e dessa vez parece mais perto. Seus ouvidos se aguçam, ele não ouve mais o barulho do vento nas folhas, fica atento àquele som específico.

Segundos depois, o grunhido fica bem mais alto e parece estar muito perto. E ele agora reconhece: é mesmo um predador, e está se aproximando.

Veja bem, o seu parente das cavernas não precisou nem ver o perigo para resolver fugir com toda a sua energia e mais um pouco. O cérebro dele foi capaz de ligar os acontecimentos e perceber que algo muito provavelmente iria atacá-lo. Essa narrativa foi construída na mente dele com muita rapidez porque ele tinha um repertório conhecido em relação àquela sucessão de fatos. Foi capaz de juntar o fato 1 com o fato 2 para entender que o fato 3 estava prestes a acontecer. Isso é o esperado. É com esses dados que ele foi capaz de tomar uma decisão: fugir ou lutar.

É dessa forma, com esse padrão de narrativa, que compreendemos tudo ao nosso redor, inclusive quando lemos ou ouvimos uma marca. Quando a narrativa da marca é consistente e faz sentido, todas as suas ações são justificadas e não parecem aleatórias. As pessoas não duvidam nem ficam confusas. O que a empresa faz é compreendido e não ficam pontas soltas.

Se a narrativa for capaz de mostrar uma visão de mundo singular da qual as pessoas compartilham, então elas se ligam emocionalmente a essa marca. Do contrário, a audiência fica dispersa e é mais fácil se afastar rápido do que ficar tentando entender. O cérebro humano é o órgão que mais gasta energia no nosso corpo, então ele faz de tudo para não ficar sobrecarregado.

Isso se aplica a tudo em relação às marcas. Porém, como a linguagem verbal direciona o entendimento da audiência, definir a narrativa da marca é essencial nos tempos barulhentos que vivemos hoje. Todos os que escrevem e falam pela marca devem seguir a narrativa e a voz definidas para compartilhar a visão de mundo da empresa, para tornar a comunicação coerente e para deixar as pessoas seguras, sabendo o que podem esperar da marca.

COMO DEFINIR A NARRATIVA DA MARCA?

Defina a narrativa da sua marca e veja como a audiência certa vai chegar e se engajar com seus valores. Mas como fazer isso? Com apenas quatro perguntas que fornecerão as bases da narrativa da marca que você está construindo.

Porém, não se engane, são perguntas profundas. É preciso dedicar um bom tempo a elas, escavar profundamente os valores, as crenças e a história da marca para que a narrativa seja verdadeira e crível. Vamos lá?

- **No que acreditamos?**
- **Qual mundo queremos criar?**
- **Então, que tipo de pessoas nós somos?**
- **E somos contra o quê?**

A resposta à primeira pergunta traz os valores para a ação, para algo mais palpável. Eu poderia dizer que tenho como valor principal a liberdade, mas isso é muito vago, concorda? Por outro lado, quando digo que acredito que todas as pessoas devem ser livres para se expressar sem censura, eu estou "dissecando" o valor liberdade e começando a contar uma história sobre mim. Além disso, é mais fácil para a audiência compreender essa narrativa.

Isso leva à resposta da segunda pergunta. Queremos, por exemplo, criar um mundo onde ninguém mais seja calado, sob hipótese nenhuma, por defender suas ideias. É para isso que trabalhamos, é para isso que existimos. Se você compartilha dessa visão, venha com a gente.

Percebe a força dessas palavras?

Então, que tipo de pessoas somos?

Somos destemidos. Não fugimos à luta. Ao mesmo tempo, somos empáticos com quem ainda não alcançou aquele tipo de liberdade e somos comprometidos e faremos a nossa parte para que a mudança da sociedade aconteça. Essa é a nossa personalidade.

E somos contra o quê?

Somos contra o *status quo*, a hierarquia horizontal nas empresas e instituições, as lideranças ultrapassadas que não consideram as vozes dos liderados. Somos contra o velho jeito de dirigir uma empresa que não considera as pessoas que trabalham ali.

Essa é a narrativa — e uma bem forte! Muito melhor que definir visão, missão e valores para ficar de enfeite num quadro na parede ou escondidinho no rodapé do site.

A forma de contar essa história é o que a marca vai definir quando criar o seu guia de identidade verbal. E colocar a narrativa no mundo de um jeito encantador é o que as montadoras internacionais de veículos Volvo e Audi fazem muito bem.

COMO VOLVO[25] E AUDI[26] COMUNICAM SUAS NARRATIVAS DE MARCA

Essas duas marcas compartilham muitas características em comum. São fabricantes de carros de luxo e, portanto, dividem público

25 VOLVO CARS. *Página inicial*. Volvo Cars Brasil. Disponível em: https://www.volvocars.com/br/. Acesso em: fev. 2024.

26 AUDI. *Página inicial*. Audi Brasil. Disponível em: https://www.audi.com.br/br/web/pt.html. Acesso em: fev. 2024.

de mesmo poder aquisitivo – o topo da pirâmide. Ambas investem muito em tecnologia de última geração na fabricação dos automóveis. As duas estão, atualmente, investindo pesado na fabricação e venda de carros elétricos, visando o fim do uso de combustíveis fósseis.

Mas é a narrativa de cada uma delas que diferencia as ações, as escolhas de marketing, o tipo de público e até os produtos que fabricam.

Em uma de suas últimas campanhas, a Volvo – empresa sueca fundada em 1929 – diz o seguinte:

"Somos os pioneiros na proteção das pessoas.

Por mais de 95 anos, nossas pesquisas e inovações salvaram um milhão de vidas e estamos trabalhando para salvar mais um milhão. Em 2007, definimos nossa visão de segurança - que ninguém deveria se ferir gravemente ou morrer em um carro novo da Volvo. Ainda não atingimos isso, mas agora sabemos o porquê. Focar em inovações capazes de entender o que está fora do carro não é o suficiente. Também precisamos entender melhor você, o motorista dentro do carro.

Assim, estamos entrando numa nova era - para a segurança e para a Volvo Cars -, na qual a nossa ambição não é apenas proteger sua vida. É ajudá-lo a viver uma vida melhor.

Pois quando você se sente seguro, você pode ser verdadeiramente livre."

Tanto a comunicação institucional quanto as campanhas de marketing reforçam o valor da segurança e a missão de tornar a vida mais fácil, melhor e mais segura para todos.

Já a Audi, empresa alemã em atuação desde 1910, divulgou um manifesto na campanha de vídeo de lançamento para o modelo Audi A8 que revela muito de sua narrativa e personalidade.

"Olhe ao redor.
Este é o futuro.
A tecnologia está se tornando invisível.
Conexão é tão essencial quanto água.
Inteligência é tão natural quanto o ar que respiramos.
Nós queremos experiências, não produtos.

Ideias são nossa moeda mais valiosa.
E o nosso maior luxo: tempo.
E o carro?
Esqueça o carro.
Audi é mais."

Outras frases impactantes da marca são: "Um novo significado para estilo de vida", "Experimente o futuro".

O que a gente percebe sobre as narrativas das duas marcas? Volvo acredita num tempo em que as pessoas se sentirão mais seguras e, por isso, serão livres. Audi acredita na liberdade de aproveitar a vida, vivendo experiências incríveis e aventuras ambiciosas.

Voltando às nossas perguntas, qual mundo as duas marcas querem criar? Volvo quer um mundo mais seguro, sem acidentes de trânsito com veículos nas estradas. É para isso que investe em tecnologia. Já Audi investe em tecnologia para melhorar o desempenho, a experiência e a mobilidade *premium* dentro de um carro da marca.

Que tipo de "pessoas" elas são? Volvo é do tipo cuidadora, acolhedora, confiável, ligada à família. Audi é do tipo aventureira, destemida, atraente, dinâmica, sofisticada.

E contra o que elas se posicionam? Volvo é contra o perigo da alta velocidade nas estradas, contra o estímulo ao desempenho em detrimento da segurança. E Audi é contra a mesmice, o conservadorismo e tudo o que é convencional, ordinário e popular.

Audi e Volvo fabricam carros de luxo. Audi e Volvo são marcas tradicionais centenárias. As duas entregam experiências *premium* para seus clientes. Mas é a narrativa que diferencia todas as suas escolhas, de um simples anúncio para a internet até o tipo de carro que vendem.

COMO DAR VIDA À NARRATIVA DAS MARCAS?

Uma coisa é encontrar e delinear a narrativa da marca com base nas quatro perguntas que elenquei antes. Mas isso não vai servir de nada se ela não for comunicada para o mundo. Confie em mim: não deixe que essa joia – a mais valiosa que as empresas podem ter – se perca em gavetas com o material de pesquisa impresso e esquecido ou nos arquivos de computador que nunca serão reabertos.

A narrativa da marca precisa ganhar vida se transformando em histórias. Pequenas histórias do dia a dia que podem ser contadas, muitas vezes, com uma única palavra em um título. Ou através de uma frase em um conteúdo de rede social, em um slogan de campanha de vendas. Ou, ainda, por meio de um texto mais elaborado para um *post* de blog, artigo de LinkedIn ou página de site. Leve as pequenas histórias que contam a narrativa da sua marca para onde quer que ela se expresse: do anúncio digital à palestra do CEO da empresa.

E como quero ver a sua marca ganhando o mundo das palavras, separei para você, no final deste livro, instruções para criar elementos da identidade verbal, como *tagline*, slogan, mensagens de marca, entre outros.

E, no próximo capítulo, vamos continuar nossa conversa, incluindo mais uma peça no nosso quebra-cabeça. Agora, falaremos sobre personalidade de marca.

CAPÍTULO 10: A PERSONALIDADE SINGULAR

Marcas corporativas são como pessoas e falam como as pessoas – já sabemos isso. E muitas marcas são pessoas mesmo! São as marcas pessoais, de profissionais que se entendem e trabalham a própria reputação e imagem para ser um empreendimento de sucesso na carreira e na vida.

Nos dois casos, precisam desenvolver e expressar a sua personalidade para serem coerentes com a narrativa e com o conteúdo.

Vamos fazer um exercício de imaginação aqui? Pense em um produto como a Coca-Cola.[27] Vamos imaginar que o refrigerante é uma pessoa. Você pode até não consumir Coca-Cola, mas não pode negar que conhece a marca centenária.

Depois de anos e anos vendo propagandas na televisão de famílias felizes tomando Coca-Cola no almoço, ou de um Papai Noel se refrescando com um copo da bebida aparentemente bem gelada após entregar os presentes de Natal, ou vendo um grande urso branco de cachecol vermelho com seus filhotinhos fofos, todos tomando Coca-Cola, você já entende a personalidade da marca.

Você sabe que ela é alegre, feliz, preza a família e os bons momentos, além do ato de compartilhar. Você vai estranhar (e muito) se encontrar uma comunicação do refrigerante dizendo “assassine sua sede” – como faz a Liquid Death, marca irreverente de água em lata.

A narrativa define a linha mestra que todo redator deve seguir ao escrever para qualquer canal. E a personalidade vai dizer como fazer isso. Mas, para ser de fato notável, é bom que a personalidade seja singular.

Mas vamos por partes. Primeiramente, o que é a personalidade de marca? Só pelo exemplo acima, da Coca-Cola e da Liquid Death,

---

27 COCA-COLA. *Página inicial*. Coca-Cola Brasil. Disponível em: https://www.coca-cola.com.br/. Acesso em: fev. 2024.

já dá para entender como a personalidade se manifesta. Porém, para sermos bem conceituais, podemos dizer que personalidade de marca é a forma como ela se comporta e se comunica com o seu público.

Personalidade está ligada à identidade. É a expressão daquelas características únicas que tornam as marcas reconhecíveis e memoráveis. E o jeito singular como a marca se apresenta ao mundo, como ela fala, age e se expressa nos mais diversos contextos e situações.

Não dá para negar o quanto ter personalidade é cada vez mais importante. Em um mercado saturado de produtos e serviços, com overdose de informação por todos os cantos e milhares de mensagens de vendas e marketing invadindo nosso cérebro todos os minutos do dia e da noite, a autenticidade (aliada da personalidade) tem papel significativo na criação de vínculo emocional com o público, gerando confiança e credibilidade.

Tenho enfatizado a palavra singular aqui, ligada à palavra personalidade. E por quê? Porque assim é possível encontrar a personalidade de uma marca, evidenciando aquilo que ela traz de diferente e único. Isso se torna mais um elemento diferenciador, que ajuda o negócio a se destacar em seu meio.

A PERSONALIDADE NOS TEXTOS DA MARCA

A personalidade da marca precisa transbordar para os textos. E, por favor: não deixe o pobre do redator ou do copywriter sozinho para tomar a decisão de qual personalidade imprimir aos textos e conteúdos. Essa tarefa é de quem gerencia a marca.

E como levar essa personalidade singular para os textos? É importante que a personalidade da marca esteja presente em toda a comunicação escrita. O tom de voz utilizado deve refletir a personalidade da marca, ou seja, se ela é descontraída, o tom de voz deve ser amigável e informal. Se é séria e profissional, o tom de voz deve ser mais formal e objetivo. O tom de voz é a personalidade da marca ganhando vida na linguagem do dia a dia.

Personalidade é muito, mas muito importante mesmo, na escrita de marca. Somos animais da linguagem, como diz Chris West. Em qualquer momento, nós ouvimos ou lemos a linguagem e esperamos

“A PERSONALIDADE DA MARCA PRECISA TRANSBORDAR PARA OS TEXTOS. E, POR FAVOR: NÃO DEIXE O POBRE DO REDATOR OU DO COPYWRITER SOZINHO PARA TOMAR A DECISÃO DE QUAL PERSONALIDADE ESCOLHER AO ESCREVER. ESSA TAREFA É DE QUEM GERENCIA A MARCA.”

isso de um outro animal da linguagem. Quando falta personalidade na escrita, quando ela é morna, a gente assume que aquela pessoa, aquele assunto, aquela empresa são mornos também. Mais que isso, com a escrita morna (e isso vale para tudo!), é mais difícil para o leitor encontrar qualquer tipo de coisa para se agarrar e seguir lendo, com vontade de chegar ao final. *Se você estivesse achando este livro morno, por exemplo, dificilmente teria chegado até este capítulo.*

O desafio dos redatores – e das pessoas que os estão contratando – é que todos nós aprendemos a escrever retirando toda a personalidade dos nossos textos. Na escola, aprendemos a fazer redações sempre com a mesma estrutura, usando sempre as mesmas palavras, seguindo o mesmo modelo passado pelo professor.

Quando eu fiz faculdade de jornalismo, aprendi que devia me despir de todo o estilo para escrever um texto pasteurizado, em blocos, usando a tal pirâmide invertida (que hierarquiza as informações de forma que, se for preciso cortar o final, supostamente não há prejuízo da informação). Fui instruída a abdicar de todo e qualquer estilo e seguir um padrão de escrita, de um jeito que tirasse toda a minha pessoalidade e resultasse em um texto que poderia ter sido escrito por qualquer pessoa.

E mesmo que não tenha estudado jornalismo, aposto que você também aprendeu a seguir uma série de fórmulas e a escrever de determinado jeito o tempo todo, com respostas impessoais. Depois, você levou isso para a vida, independentemente de qual profissão ou cargo exerça atualmente.

A proposta de mudar o jeito de escrever quando se trata de marcas, quaisquer que sejam, é para trazer pessoalidade e personalidade para a comunicação. É transformar a escrita em uma conversa. É fazer com que a pessoa do lado de lá (o leitor, o internauta ou ouvinte) se sinta num diálogo e não ouvindo um monólogo enfadonho.

Então, não é para escrever com a mente de um erudito (a menos, claro, que a sua marca tenha a mente de um erudito), mas também não é para sair por aí subvertendo a gramática sem critério, inventando palavras e criando uma linguagem nova sem nenhuma estratégia.

O que proponho é mais simples do que parece: somente expressar nos textos a personalidade da sua marca. Somente. Claro que, para isso, a sua marca precisa ter personalidade (ou tom de voz, como preferir).

A boa notícia é que é possível encontrar esse tom e expressá-lo de duas formas: associando-o a arquétipos de marca ou a partir da narrativa abrangente.

COMUNICAÇÃO ARQUETÍPICA

Sim, vamos falar de arquétipos de marca. Antes de continuar, porém, um alerta: você não tem que usar arquétipos na sua comunicação escrita. Você não "tem que" nada, *a priori*. É preciso entender se essa ferramenta faz sentido para a sua comunicação, se vai facilitar a sua vida, se é possível ligar a personalidade da marca ao herói, bobo da corte, amante ou qualquer arquétipo conhecido.

Dias atrás, recebi uma mensagem de uma aluna do meu curso on-line de Identidade Verbal[28] dizendo que fez um teste de arquétipo oferecido por um "guru da internet" e, de acordo com os ensinamentos da pessoa e o resultado do teste, o arquétipo dela não estava de acordo com o público que ela queria atingir. Isso a bloqueou, a deixou ansiosa e não ajudou em nada.

Então, em primeiro lugar, cuidado com as bobagens que estão sendo ditas por aí. Como é um assunto que entrou na moda, tem muita gente ensinando de forma equivocada ou até leviana. Em segundo lugar, entenda que essa é apenas uma das formas de encontrar a personalidade de uma marca. Se for para ser difícil ou penoso, simplesmente deixe de lado e parta para outras técnicas, combinado?

Dito isso, também preciso enfatizar que, se fizer sentido, trabalhar com arquétipos para escrever com personalidade pode ser uma boa estratégia para manter a coerência em todas as comunicações. Então, conheça as opções disponíveis para, depois, escolher o melhor caminho para você.

Não pretendo aqui esgotar o assunto porque nem seria possível em apenas parte de um capítulo deste livro. É um tema amplo e delicado demais – e estou falando apenas sobre arquétipos de marca, sem entrar

28 Confira o curso em: https://brandster.com.br/p/identidade-verbal-para-marcas-pessoais. Acesso em: fev. 2024.

no campo da psicologia. Se você quer começar a entender mais, indico a leitura do livro *O herói e o fora da lei*, de Carol Pearson e Margaret Mark.[29]

Depois de todas essas ressalvas, vamos então falar de arquétipos e personalidade de marca. Eles são modelos baseados em símbolos e valores universais que representam diferentes motivações humanas.

A teoria dos arquétipos foi desenvolvida por Carl Jung, que acreditava que a mente humana opera através de símbolos universais que representam ideias e emoções. As autoras Margaret Mark e Carol Pearson partiram desse conceito para criar os doze arquétipos de marca que se tornaram tão populares.

Cada arquétipo tem traços próprios, características e pontos fortes, que podem ser usados para criar uma voz de marca própria e consistente. A grande vantagem dessa estratégia é criar uma conexão emocional e ser facilmente reconhecível pelo público, já que os símbolos – como acreditava Jung – são padrões universais.

A seguir, listo os doze arquétipos como descritos por Mark e Pearson, com suas características gerais:

- **Inocente:** simples, sincero, feliz.
- **Explorador:** aventureiro, ousado, independente.
- **Sábio:** pensativo, reflexivo, intelectual.
- **Herói:** corajoso, destemido, determinado.
- **Fora da lei:** rebelde, transgressor, inovador.
- **Mago:** misterioso, intuitivo, transformador.
- **Cara comum:** simples, honesto, trabalhador.
- **Amante:** sensual, apaixonado, sofisticado.
- **Bobo da corte:** divertido, engraçado, irreverente.
- **Prestativo:** altruísta, bondoso, protetor.
- **Criador:** criativo, imaginativo, inovador.
- **Governante:** disciplinado, poderoso, determinado.

Volvo e Audi são, mais uma vez, exemplos de como marcas que aparentemente vendem produtos muito parecidos em sua estrutura podem se diferenciar pela personalidade arquetípica. Pela comunica-

---

29 PEARSON, C. MARK, M. *O herói e o fora da lei*: Como construir marcas extraordinárias usando o poder dos arquétipos. São Paulo: Cultrix, 2003.

ção atual da Volvo, a marca se expressa com o arquétipo do prestativo. Mostra-se altruísta, movida pela compaixão e pelo desejo genuíno de ajudar as pessoas ou protegê-las do mal – no caso, a alta velocidade nas estradas. É mais ligada à família, à segurança e à estabilidade.

Já a comunicação da Audi pode ser facilmente ligada ao arquétipo do explorador. Está no eixo da independência, segundo as autoras Mark e Pearson. Audi valoriza a jornada e a experiência ao mesmo tempo interna e externa. Liberdade é palavra de ordem, e a marca deixa claro que quem escolhe um de seus carros vai se descobrir ao explorar o mundo sobre quatro rodas. A meta é ter uma vida melhor, mais autêntica e gratificante.

Mas atenção: os arquétipos não são doze caixinhas para colocar todas as marcas e pessoas do mundo! É melhor entendê-los como um grande mosaico com peças independentes, mas que podem se juntar, se misturar e formar algo totalmente novo a partir da mescla de características de dois ou mais tipos.

A lista acima também não esgota todas as características e nuances de cada arquétipo. Existem diferentes níveis para cada tipo, além das sombras que cada um carrega. Como eu já disse e volto a reforçar: caso queira usar essa estratégia na sua marca pessoal ou aplicar na empresa onde atua, busque se desenvolver mais com obras e cursos sérios sobre o assunto, combinado?

O TOM QUE VEM DA NARRATIVA ABRANGENTE

Lembra-se do que falamos sobre narrativa, no capítulo anterior?

A narrativa abrangente de uma marca deve ser capaz de revelar não apenas a história dela, mas seus valores, suas crenças, sua visão de mundo, suas bandeiras e também seus inimigos, aquilo contra o que ela luta para defender suas convicções.

A narrativa é a soma de todas as histórias da marca. Ela é o nível mais alto da estratégia de branding verbal e orienta os dois níveis posteriores: a personalidade e a gramática ou dicionário da marca.

Quando a narrativa é encontrada (a partir daquelas quatro perguntas simples: No que acreditamos? Qual mundo queremos criar?

Que tipo de pessoas nós somos? Somos contra o quê?), é natural que o tom de voz/personalidade surja.

Quer ver como isso acontece? Vamos falar de novo da Coca-Cola.

Se eu tivesse feito o exercício de narrativa da marca, teria respondido assim, bem resumidamente:

No que acreditamos? Acreditamos na amizade, na união, nos bons momentos vividos ao lado de quem a gente gosta. E acreditamos em compartilhar felicidade, celebrando os momentos felizes do cotidiano abrindo uma Coca-Cola.

Qual mundo queremos criar? Queremos criar um mundo mais positivo, amigável, em que as pessoas brindam à vida a todo momento e escolhem ser felizes no dia a dia.

Então, que tipo de pessoas nós somos? Somos otimistas, alegres, divertidas e perseverantes. Valorizamos a família, os amigos e queremos criar um ambiente de união e felicidade para todos.

E somos contra o quê? Somos contra a apatia, tudo o que é insosso e sem graça, o individualismo e a falta de emoção em cada momento da vida.

Viu? Assim fica fácil perceber que a personalidade da Coca é amigável, divertida e otimista, que a abordagem principal da comunicação da marca é inclusiva e convidativa e que ela quer ser associada aos bons momentos da vida e às celebrações.

E tudo isso é muito coerente com seus mais de 100 anos de história sempre vendendo alegria, com mensagens como "abra a felicidade", "sinta o sabor", "viva o lado Coca-Cola da vida", "emoção pra valer", "abra um sorriso", entre tantas outras.

Entende que a narrativa abre caminhos para como ela deve ser verbalizada? O tom de voz nasce atrelado à soma das histórias que a marca conta.

Então, defina a narrativa. Encontre o fio da meada. Escreva o conceito e as mensagens da marca. O jeito de comunicar tudo isso vai estar ali, intrínseco no processo, pedindo para ser seguido.

E não caia na tentação de fazer de outro jeito, talvez porque o mercado diz que "vende mais quem faz assim". Diga o que precisa ser dito a partir da essência da marca, respeitando seu jeito de ser e, eu garanto, a conexão vai acontecer.

CAPÍTULO 11: UMA LINGUAGEM COMPARTILHADA

Três histórias, uma certeza.

Em abril de 2017, a Adidas cometeu uma gafe terrível, imperdoável até. Tudo por conta do uso de palavras erradas, na hora errada, para pessoas erradas.

Naquele ano, a marca foi patrocinadora oficial da maratona de Boston, que havia acontecido em 17 de abril. No dia seguinte, alguém do setor de marketing provavelmente teve a ideia de enviar um e-mail a todos os competidores que completaram a prova. "*Congrats, you survived the Boston Marathon!*", dizia o texto. A tradução literal é "Parabéns, você sobreviveu à Maratona de Boston!".

É claro que a marca tinha a intenção de parabenizar os atletas pelo tremendo esforço físico e mental para percorrer os mais de 42 quilômetros de prova. Porém, ela não percebeu que uma única palavra – bem mal-escolhida – naquela frase tinha o poder de provocar um estrago gigantesco e obrigar a Adidas a se retratar. A palavra problemática naquele contexto foi "sobreviveu".

Os redatores e os superiores não perceberam que o uso metafórico desse termo naquele contexto remetia à tragédia de maio de 2013, quando dois irmãos usaram bombas para cometer um atentado terrorista durante a prova, matando três pessoas e ferindo outras 260.

A referência não passou batida, e logo a internet explodiu. Nas redes sociais, os corredores que receberam o e-mail começaram a postar sua indignação. Diversos atletas, quando receberam o e-mail, postaram suas reações no Twitter com recados à marca, marcando seu perfil centenas de vezes.

Quando percebeu a gafe, a marca acabou sendo obrigada a se pronunciar e se desculpar publicamente.

"Estamos profundamente arrependidos. Claramente, não pensamos muito na mensagem insensível que mandamos por e-mail na terça-feira. Pedimos desculpas profundamente pelo nosso erro", dizia o comunicado oficial.[30]

Naquele mesmo ano de 2017 (esse parece não ter sido um bom ano para a comunicação de algumas marcas), a Santher começou a divulgar uma campanha de um novo produto da linha de papel higiênico Personal. Pela primeira vez no Brasil, o mercado teria um papel higiênico na cor preta.

Não bastasse o inusitado dessa ideia (porque a cor clara dos papéis higiênicos existe justamente para se verificar a limpeza total, ou não, depois do uso), a marca contratou a atriz Marina Ruy Barbosa para estrelar a campanha. Em *teasers*, vídeos e fotos, ela aparecia vestida apenas com o papel preto enrolado no corpo, junto ao slogan "*Black is beautiful*" ("Preto é lindo", em tradução literal).

Só que tem um detalhe: essa frase é a mesma usada pelo movimento negro estadunidense desde a década de 1960. Artistas e intelectuais a usam há décadas com o intuito de acabar com o preconceito e reforçar a beleza e os valores da população negra. Até hoje, se você digitar #blackisbeautiful nas ferramentas de busca, vai encontrar referências ao movimento negro, a artistas e personalidades que o representam no mundo todo, à música gravada por Elis Regina em forma de protesto...

Então, não demorou muito para vir uma enxurrada de críticas à escolha da frase, acusando a marca de racismo pela apropriação das palavras e também por uma mulher branca protagonizar a campanha.

O Coletivo Sistema Negro também criticou a utilização do slogan negro na propaganda do Personal. "Quando nós negros criamos uma frase é para empoderar e viabilizar nossa existência, dado que nossas vidas

---

30 DEARO, G. Adidas comete gafe terrível em e-mail para maratonistas. *Exame*, 19 abr. 2017. Disponível em: https://exame.com/marketing/adidas-gafe-email-maratona/. Acesso em: fev. 2024.

valem menos no cotidiano de uma sociedade racista... Não é e nunca será para vender papel higiênico!"[31]

A agência Neogama, criadora da campanha, e a Santher se justificaram dizendo que apenas seguiram uma tendência de design já existente em outros países e usaram o slogan para destacar o produto. E se desculpou pela eventual associação com o movimento negro, retirando o slogan do ar.

Não se sabe se foi a campanha desastrosa ou se a ideia de um papel preto para limpar as partes de baixo não pegou mesmo, mas o produto parece ter sido descontinuado. Pelo menos, não há nenhuma referência a ele no site da Santher...

Ainda em 2017 (sim!), o Metrô do Rio precisou suspender uma propaganda para promover a linha 4, que liga a Zona Norte da cidade à Barra da Tijuca. A peça, uma foto gigantesca tipo outdoor instalada nas plataformas, mostrava dois casais, um em cada extremidade da imagem. No centro, a frase "Conectando o Rio de ponta a ponta".[32]

Qual foi o problema aqui? Não haveria problema se quem pensou na campanha tivesse certo conhecimento semiótico, ou seja, entendesse como a imagem e as palavras juntas geram percepções para além do literal ou evidente. E se conhecesse com mais profundidade o público que transita ali pelos locais onde as peças foram instaladas.

Ocorre que as pessoas da foto eram um casal negro de um lado e um casal branco do outro. A chamada da propaganda foi considerada preconceituosa porque sugeria que os negros (pobres) moravam na Zona Norte, e que os brancos (ricos) eram moradores da Zona Sul. Diante da chuvarada de críticas, a administradora do Metrô decidiu, de forma sábia, recolher as peças e encerrar a campanha.

Quais certezas a gente tem a partir dessas três histórias?

Vou te dar três segundos para pensar... 1, 2, 3. Pronto?

---

31 CAMPANHA de papel higiênico preto é acusada de racismo. *Veja*, 24 out. 2017. Disponível em: https://veja.abril.com.br/economia/campanha-de-papel-higienico-preto-e-acusada-de-racismo. Acesso em: fev. 2024.

32 ZOGBI, P. Metrô do Rio de Janeiro cria polêmica com campanha acusada de racismo. *InfoMoney*, 18 set. 2017. Disponível em: https://www.infomoney.com.br/mercados/metro-do-rio-de-janeiro-cria-polemica-com-campanha-acusada-de-racismo/. Acesso em: fev. 2024.

“A LINGUAGEM ESTABELECE A CONVERSA. ELA DEFINE SE ALGUÉM VAI FALAR PARA O VÁCUO OU PARA UMA AUDIÊNCIA QUE COMPREENDE O QUE SERÁ DITO.”

Em primeiro lugar, a escolha das palavras foi um tanto desastrosa. E por quê? Porque, como dissemos, é tudo sobre palavras. Palavras são capazes de criar realidades. É muito importante que você tenha isso gravado na mente, hein?

Outro problema foi não considerar o contexto, outra premissa importante antes de comunicar qualquer coisa de qualquer marca em qualquer lugar. A depender do contexto, uma frase pode significar uma coisa ou outra. O significado das palavras muda conforme o contexto, como também já aprendemos.

E, por último e tão importante quanto, os redatores não pensaram naquelas pessoinhas para a qual escrevem: o público. E aí chegamos ao assunto deste capítulo.

A LINGUAGEM, O ESTILO E A PESSOA QUE ENTENDE TUDO ISSO

A linguagem estabelece a conversa. Ela define se alguém vai falar para o vácuo ou para uma audiência que compreende o que será dito.

Pense naquelas aulas de química que você fez no ensino médio. Você se lembra de como todas aquelas palavras pareciam tudo menos uma língua humana? E, a menos que tenha seguido nessa área como profissional, talvez ainda hoje aquele linguajar lhe pareça muito estranho.

Pense não só na linguagem comum – a língua portuguesa, por exemplo –, mas também no estilo de linguagem. O que você entenderia se eu dissesse assim: "Aloha, meu brodinho, se liga na missão. Traz a maroleira, tem altas ondas rolando. Mas a água esfriou, então traz o long john para não encarangar. Já é, mané!".

Se você não é surfista nem mora no litoral de Santa Catarina, não deve ter entendido nada da frase acima. E, claro, se não escreve para uma marca de surf, nunca poderia usar esse dialeto.

Mas não seria nada estranho ouvir esse conselho em uma rede social de marca de roupas ou equipamentos para surfistas. Inclusive, seria uma forma de gerar muito mais conexão com o público e, provavelmente, mais vendas.

Cada segmento de negócio pede uma linguagem específica. Você não fala para médicos do mesmo jeito que fala para adolescentes ou skatistas. Da mesma forma que você não conversa com seu professor do mesmo jeito que fala com seu irmão mais novo.

Com a identidade verbal, o que se propõe é que você vá além da definição de estilo de comunicação conforme o segmento. A ideia é que você estabeleça uma linguagem única da sua marca que seja compreensível pelo seu público e que crie uma comunidade a partir das palavras e da forma como as usa. Incrível, não é?

Já falamos sobre isso lá no comecinho, quando eu expliquei como a linguagem cria a realidade. O que você escreve, e da forma como faz isso, pode criar uma tribo em torno da marca.

Preciso repetir: nós, seres humanos, somos animais da linguagem. Nos constituímos e nos juntamos em grupos por causa das histórias, de valores e crenças compartilhados por meio da comunicação. E nas empresas é a mesma coisa. Um "dialeto" ajuda a criar pertencimento, constituir uma cultura e um culto com seguidores fiéis.

E aqui vão quatro formas de começar a fazer isso com seus textos e, em seguida, veremos como marcas famosas trabalham isso muito bem.

- **Dialeto próprio:** ter um jeito próprio de se expressar que gera lembranças da marca, de forma inconfundível.
- **Repetição:** escolher algumas palavras e mensagens de marca para "martelar" na comunicação. Repetir em vários pontos de contato e por muito tempo até as pessoas adotarem essas expressões.
- **Crenças compartilhadas:** deixar claro o que a marca acredita (e o que abomina) promove conexão com quem tem os mesmos valores.
- **Slogan chiclete:** encontrar um conceito simples e original que se torne a cara da sua marca faz as pessoas adotarem a ideia e espalharem a mensagem por aí.

AMO MUITO TUDO ISSO

Em 2003, o McDonald's[33] lançou em Munique, na Alemanha, a sua primeira campanha global com o slogan "*I'm lovin'it*", com a ideia de promover a retenção de clientes no mundo todo e fortalecer o posicionamento da marca. Em tradução literal, ficaria algo como "Estou amando isso". Mas, no Brasil, optou-se por mudar para a frase "Amo muito tudo isso" – o que foi um grande acerto dos marketeiros de cá. A frase se tornou icônica e nunca mais saiu da boca do povo.

Não conheço os bastidores da tradução do slogan mundial para o português do Brasil, mas sei que houve muito estudo de público-alvo, de aderência com a mensagem, de comportamento do consumidor. E será que "Estou amando isso" teria pegado tanto quanto "Amo muito tudo isso"? Aposto um Big Mac que não.

E tanto é verdade que o slogan original não foi traduzido para o dinamarquês, sueco ou italiano. Nos países falantes dessas línguas, permaneceu a versão em inglês, em alguns casos porque a tradução não tem o mesmo sentido que o texto original – ou apenas porque a quantidade de falantes de língua inglesa nesses lugares é bem maior.

TUDUUUUM

Um dos serviços de streaming mais populares atualmente, a Netflix,[34] tem uma identidade verbal muito bem definida e coerente em todos os pontos de contato com o público. É uma linguagem que verbaliza o real propósito da marca e, com a constância, passou a ser incorporada até em outros momentos da vida dos clientes.

O "tudum" – som que toca ao abrir o aplicativo da Netflix – virou até nome de festival, sabia? A plataforma saiu das telas para a vida

33 ARCOS DORADOS. *Página inicial*. Arcos Dorados. Disponível em: https://www.arcosdorados.com/. Acesso em: fev. 2024.

34 NETFLIX. Sobre a Netflix. Netflix. Disponível em: https://about.netflix.com/pt_br. Acesso em: mar. 2024.

real ao promover um evento global para anunciar novidades e também juntar os fãs da marca.

A Netflix expressa em sua linguagem uma identidade feminina (não é raro encontrar a explicação de que se deve dizer "A Netflix", e não "O Netflix"), descolada, engraçadinha e adepta a um estilo de linguagem jovial. Nas redes sociais do streaming, para promover filmes e séries, você vai encontrar textos irônicos como "isso que dá acreditar em príncipe encantado..." (filme *Donzela*) ou "Ansiosa para a *Rainha das Lágrimas*, mas apreensiva porque quem vai chorar vai ser eu" (série *Rainha das Lágrimas*).

MARCAS COMO A SUA

Talvez você esteja duvidando de que seja possível definir uma linguagem única para pequenos negócios ou para profissionais que queiram trabalhar suas marcas pessoais, mas confie em mim: além de ser possível, é isso que vai alavancar os seus resultados com o menor esforço possível. Afinal, uma comunicação envolvente é um atalho para a conexão com o público e, assim, o investimento de energia, tempo e dinheiro é menor para convencer alguém a comprar uma ideia ou um produto.

E para provar o que estou dizendo, trago exemplos de duas marcas para as quais trabalhei.

O primeiro *case* é de marca pessoal para Vika, uma especialista em posicionamento de negócios femininos de alto valor. Ela já tinha uma comunicação clara, mas a equipe dela precisava de direcionamento e de diretrizes para manter a mesma voz de marca e linguagem em todos os pontos de contato com os clientes. Então, o trabalho de branding verbal incluiu, além da definição de um conceito diferenciador e aspiracional para a comunidade de clientes, um guia completo com diretrizes verbais, para que o time pudesse manter a coerência em qualquer comunicação.

Ficou fácil manter esse direcionamento quando estabelecemos que a voz de marca dela deveria ser delicada, determinada e sedutora, baseada nos arquétipos da amante, da soberana e da heroína, e nos atributos de marca, inspiração, liderança e magnetismo. Especificamos que a linguagem deveria ser sempre amável, elegante e, ao mesmo tempo, firme, por ser uma líder determinada e encantadora, magnética.

Algumas mensagens de marca definidas foram: "De tênis ou de salto, salte alto!", "Seja amiga do espelho, do teu dinheiro e do teu batom vermelho", "Viva a sua *bonne vie*" (vida boa, em francês).

O segundo exemplo é o de uma empresa do terceiro setor, uma associação sem fins lucrativos. E, sim, mesmo não tendo a meta de lucrar, trata-se de uma empresa que tem objetivos claros de contribuir socialmente com uma parcela menos favorecida da população. Por isso, o corpo diretivo decidiu investir em um processo de branding verbal. A fundadora da Simgular[35] (assim, com m no lugar do n mesmo) me procurou para trabalharmos o branding a partir das palavras, com a finalidade de ser mais bem compreendida no lugar em que atua, aumentar o número de doações para os projetos e fortalecer o posicionamento.

Logo de cara, havia um grande desafio: ela não queria, de forma alguma, que a instituição passasse a ideia de que os doadores estariam fazendo caridade ao contribuir com a causa ou que a empresa estivesse "pedindo" algo. A ideia era explicar a grandeza do projeto, cujo objetivo é capacitar pessoas por meio da tecnologia, da filosofia e da arte.

Então, para começo de conversa, embora na documentação formal a organização fosse uma associação, essa palavra passou a ser proibida no dicionário da marca. Isso porque, semanticamente, o termo já carrega a ideia de caridade, ajuda, esmola. Aliás, a palavra *ajudar* também foi proibida. Parece contraditório, não? Pois foi exatamente assim que a entidade ganhou diferenciação pela linguagem!

Quando escrevemos a apresentação da Simgular, o texto ficou assim:

"Somos uma rede de cooperação empenhada em transformar a vida de gente que se esqueceu de sonhar. Da criança que não consegue visualizar o amanhã ao adulto que se esqueceu do ontem.

---

35 SIM SINGULAR ASSOCIAÇÃO. *Perfil no Instagram*. Instagram. Disponível em: https://www.instagram.com/simgular.associacao/. Acesso em: mar. 2024.

Acreditamos que várias pequenas ações são capazes de criar um grande movimento.

Nosso foco são iniciativas educacionais que capacitam jovens através da tecnologia, da arte e da filosofia.

Tudo isso porque queremos formar indivíduos preparados para melhorar suas próprias vidas e o mundo em que vivem, com sabedoria e sensibilidade".

No lugar de associação, rede de cooperação. No lugar de pedido de ajuda, um chamado para que as empresas doadoras se tornem parceiras da causa e façam parte do movimento.

O slogan ficou "Simgular é ser plural!"; a *tagline*, "Projetando futuros"; e a voz de marca, carismática, confiante e conversativa. Algumas das mensagens de marca definidas foram: "Plural e Simgular cabem na mesma frase", "Para mudar precisa acreditar", "Não queremos sua ajuda, queremos que acredite com a gente". Também definimos personalidade, arquétipos, território de palavras, tom de voz, além de criar um manifesto lindo e inspirador.

Com o projeto pronto e a divulgação correta, os resultados foram quase imediatos: a Simgular conseguiu, em poucas semanas, a doação de computadores de um banco, o apoio de uma grande construtora e a viabilização de um curso gratuito de robótica para jovens, com financiamento público.

COMO ENCONTRAR UMA LINGUAGEM ÚNICA E DIFERENCIADA

Já ficou claro que a linguagem e o estilo de escrita é a bússola do redator que escreve para marcas, sejam elas pessoais ou empresariais, certo? Em relação aos níveis da identidade verbal, ela está no terceiro, aquele junto ao chão, lembrando a metáfora da viagem de avião que trouxemos nos capítulos anteriores. Tem a ver com a escolha de palavras, expressões e textos no dia a dia.

Sabe quem garante a coerência da identidade verbal, tangibilizando a estratégia de voz da marca? Isso mesmo, a linguagem. É agora que convergem os dois níveis anteriores: a narrativa abrangente e a personalidade singular. É preciso olhar para os dois para definir as diretrizes de linguagem de marca.

É importante, no entanto, se atentar para o seguinte: as definições de linguagem e estilo servem para nortear, nunca para limitar. Sem diretrizes, cada um vai escrever ou falar como e o quê quiser. Sem critérios, cada redator, *social media* ou copywriter vai imprimir o seu jeito nas peças que produzir, em vez de colocar a personalidade do especialista para quem escreve ou da marca empresarial. O objetivo das definições, portanto, é oferecer possibilidades diferentes dentro da essência e da estratégia de comunicação.

Com isso esclarecido, vamos ao ponto: o que é preciso definir em relação à linguagem?

- **Escolhas gramaticais.**
- **Escolhas ortográficas.**
- **Diretrizes de estilo de escrita.**
- **O território de palavras e expressões comuns.**
- **O que pode e o que não pode ser dito.**
- **Palavras, temáticas e expressões proibidas.**

Ou seja, é preciso rever as etapas anteriores, compreender a personalidade da marca e se apropriar da narrativa para, só então, desdobrar uma linguagem coerente com esses pontos que ressoe com o público-alvo.

Um exemplo prático. Vamos supor que estamos desenvolvendo a identidade verbal de uma nova marca de cosméticos, voltada para meninas adolescentes. Como seria a gramática e as escolhas textuais dessa marca? Certamente não poderiam ser formais, concorda? Talvez, nas diretrizes, pode constar uma orientação como: prefira construções como "eu vou consultar o preço para você" em vez de "consultarei o preço e retornarei com uma resposta prontamente, senhora".

No manual de identidade verbal dessa marca fictícia, pode ter também a permissão para usar palavras no diminutivo. Enquanto um público de mulheres maduras não se identifica com essa linguagem – como chamar de "menininha", "como você está bonitinha" –, é provável que as adolescentes se reconheçam com frases como "que belezinha de pele", "estou caidinho por você!". Claro que isso é uma suposição. Quem vai definir se a hipótese é real é o conjunto dos achados em todas as fases do processo de branding verbal.

Da mesma forma, pode ser que fique estabelecido que, nas redes sociais, algumas palavras vão ser abreviadas para parecer uma conversa pelo WhatsApp. Como em "*Vc tá* livre hoje para conhecer mais um produtinho *mara* de skincare?".

E nesse mesmo caminho também se define o território de palavras a serem "marteladas", as palavras e expressões proibidas, entre outras diretrizes.

Viu como não é complicado? Tudo começa por compreender aquelas quatro premissas e as três práticas da equação CE = 4 Pre + 3 Pra (Comunicação Envolvente é igual a quatro Premissas mais três Práticas). E agora, com a linguagem compartilhada, nós fechamos essa parte do livro e dominamos todos esses fatores! Mas, calma, fique comigo mais um pouco, temos alguns últimos assuntos sobre os quais conversar...

Estamos chegando ao final da jornada, falta só mais um pouco. Continue no jogo!

https://bit.ly/cadapalavraimporta6

PARTE 4

O QUE MAIS COMPÕE A HISTÓRIA QUE VOCÊ QUER CONTAR?

CAPÍTULO 12: OS ELEMENTOS ESSENCIAIS DA IDENTIDADE VERBAL

Até aqui você entendeu onde e como nasce uma identidade verbal. Agora, vamos organizar todas essas informações para que você tenha clareza sobre como essa identidade verbal vai ganhar tangibilidade na comunicação cotidiana das marcas através de palavras, frases e textos. É hora, também, de aprender como usar cada um dos elementos que estão contidos nessa identidade.

Preciso explicar antes que, como cada marca é única, os guias de identidade verbal também são únicos. As necessidades de comunicação de uma especialista em parentalidade que vende cursos on-line para famílias educarem seus filhos com empatia é bem diferente das necessidades de uma distribuidora de doces que atua em determinada região do país. O que não muda: sempre iremos definir a voz de marca, o tom de voz, a personalidade, a narrativa, a linguagem e o estilo de escrita. Mas, no primeiro caso, essas definições vão se aplicar em redes sociais, anúncios digitais, páginas de venda, site e às conversas intermediadas pelas mídias sociais, por exemplo. Já no segundo caso, elas precisam dar conta da comunicação entre empresas, do site institucional, do catálogo de produtos, da comunicação por e-mail e pelo WhatsApp... Percebe? Nada é estanque, cada caso é um caso. É preciso unir conhecimento, estratégia e sensibilidade.

Dito isso, vou detalhar neste capítulo os elementos mais frequentes ao se elaborar um guia de identidade verbal e como construí-los, vamos lá?

NAMING

É o processo de nomear, ou encontrar um nome, para marcas, produtos, serviços e projetos. Costumo dizer que o nome é o primeiro elemento da identidade verbal de uma marca porque, usualmente, é a primeira palavra ou conjunto de palavras com que uma pessoa tem contato ao ler ou ouvir falar de um profissional ou empresa pela primeira vez. Por isso, nunca deve ser negligenciado.

O principal objetivo de um bom nome é ajudar a marca a comunicar e o público a entender a mensagem correta. O importante não é encontrar o nome mais diferente, criativo, extravagante, surreal, nada disso. O que realmente é imprescindível é que ele esteja de acordo com a personalidade, a narrativa e a linguagem daquela marca ou projeto.

É importante que o nome seja estratégico, que auxilie o projeto a atingir os seus objetivos e que seja lembrado por quem vai interagir com ele. Além disso, o nome serve muitas vezes para posicionar o negócio ou a oferta antes do "lançamento oficial", facilitando a lembrança e a consideração pela marca.

Com isso muito claro, saiba que o principal é isto: o nome precisa contribuir para os resultados esperados. É melhor que seja um nome bom, mas é melhor ainda que não seja um nome ruim – aquele que não tem nada a ver com o negócio ou produto, que gera a percepção errada e que não contribui para atingir os objetivos estratégicos.

Na hora do processo de *naming*, é importante não cometer alguns principais erros, como: escolher o nome de maneira apressada, ignorar a grafia ou o som da palavra (pode ser difícil de entender ou escrever), optar por um nome que promova associações indesejáveis, escolher palavras que limitam a atuação da empresa (se essa não for a intenção) ou que o público não entende.

Mesmo grandes marcas cometem equívocos no *naming*. Anos atrás, a Reebok chegou a lançar um tênis feminino com o nome Incubus, mas precisou voltar atrás rapidamente.[36] É que, conforme

36 REEBOK Issues Apology For Naming Shoe 'Incubus'. *The Wall Street Journal*, 20 fev. 1997. Disponível em: https://www.wsj.com/articles/SB856407718986262500. Acesso em: mar. 2024.

lendas e tradições antigas, Incubus é um demônio que se aproveita de mulheres adormecidas para ter relações sexuais não consensuais com elas. Um tempinho depois, a Umbro, outra marca de calçados esportivos, lançou o tênis Zyklon sem ter pesquisado direito o que significa essa palavra.[37] Várias pessoas denunciaram a empresa pela sua insensibilidade, já que esse era o nome do produto à base de ácido cianídrico e nitrogênio que foi usado como gás letal para matar judeus nos campos de concentração nazistas da Segunda Guerra Mundial.

Há várias formas de se encontrar bons nomes e todas elas passam por muita pesquisa, dinâmicas e testes com quem realmente importa: aquela pessoa que vai interagir com o produto, ou seja, o público-alvo.

Em geral, os nomes podem ser formados por palavras ou conjunto de palavras existentes, inventadas ou modificadas.[38] Dentro dessas categorias, há diversos jeitos de chegar ao nome ideal, conforme a estratégia.

Dentre as palavras existentes, existem nomes patronímicos (nomes ou sobrenomes de pessoas), metafóricos, toponímicos (nomes de lugares), descritivos, arbitrários (palavras existentes que não têm relação com o que a marca é ou faz) ou compostos.

No grupo dos inventados, existem as siglas, os acrônimos (junção de letras ou sílabas para formar um termo novo) e os artificiais (palavras criadas que não significam nada). Já os nomes modificados podem ser associativos (neologismos, formados por pedaços de palavras que guardam alguma semelhança com o significado original dos termos que os formaram).

Para facilitar o entendimento e também inspirar você, seguem alguns exemplos de nomes conforme a categoria:

---

37 TÊNIS com nome de gás mortal irrita grupos judaicos. *Folha Online*, 29 ago. 2002. Disponível em: https://www1.folha.uol.com.br/folha/reuters/ult112u20573.shtml. Acesso em: mar. 2024.

38 Essa metodologia é da Brandster, escola on-line de branding, disponível no curso Naming Like a Pro. Disponível em: https://brandster.com.br/p/curso-online-de-naming. Acesso em: mar. 2024.

- **Patronímicos:** Carmen Steffens, Melissa, Disney.
- **Metafóricos:** Jaguar, Puma, Mustang.
- **Toponímicos:** Patagônia, África, Amazon.
- **Descritivos:** Empada & Cia, Vivenda do Camarão, Burger King.
- **Arbitrários:** Terra, Gol, Apple.
- **Compostos:** Casas Bahia, Pão de Açúcar, Porto Seguro.
- **Siglas:** IBM, CNN, IBGE.
- **Acrônimos:** Petrobrás, Embraer, Masp.
- **Artificiais:** Kodak, Lancôme, Häagen-Dazs.
- **Associativos:** Facebook, LinkedIn, Microsoft.

Em alguns projetos, é importante não apenas pensar no nome principal, mas definir o que eu chamo de "sistema de nomes", ou seja, pensar em uma estratégia de nomeação não só para o projeto-mãe, mas também para seus "filhos": os produtos e serviços existentes ou que ainda serão criados. Se esse sistema estiver de acordo com a narrativa e com os objetivos da marca, os nomes farão mais sentido e serão mais facilmente assimilados e lembrados pelo público.

Um exemplo que acho genial é a Escola Cafeína,[39] uma instituição privada de formação empreendedora situada na Bahia. Lá, o curso para iniciantes é o Café com Leite; o de gestão é o Café Expresso; e o avançado é o Café Extra Forte. Além destes, existem os cursos rápidos, que a escola chama de "doses de cafeína avulsas" e que compõem o grupo Grão em Grão. Para completar, toda a identidade verbal da escola explora a temática do café e traz mensagens como "Energia de ser Cafeína" (slogan), "Cafeíne-se" (espaço do site para deixar mensagem), "Depois do café eu me expresso" (podcast), e por aí vai.

Se você quiser se aprofundar no estudo de *naming* e se tornar um profissional especializado em criar nomes e sistemas de nomes, sugiro fazer cursos específicos sobre isso, pois é um universo muito vasto. Mas é possível começar com um método simplificado, respondendo às seguintes questões:

39 ESCOLA CAFÉINA. *Página inicial*. Escola Caféina. Disponível em: https://escolacafeina.com.br/. Acesso em: mar. 2024.

“HÁ VÁRIAS FORMAS DE SE ENCONTRAR BONS NOMES E TODAS ELAS PASSAM POR MUITA PESQUISA, DINÂMICAS E TESTES COM QUEM REALMENTE IMPORTA: AQUELA PESSOA QUE VAI INTERAGIR COM A MARCA, OU SEJA, O PÚBLICO.”

- **O que é o produto, serviço, marca ou projeto a ser nomeado?**
- **Qual é o seu objetivo hoje? E no futuro?**
- **Quais são os entregáveis (se houver)?**
- **Qual é o público que vai interagir com esse projeto?**
- **Quais nomes são muito comuns no segmento?**
- **O que é importante que o nome seja ou tenha? (Exemplo: diferente ou trivial, com palavras existentes ou inventadas, literal ou metafórico etc.)**
- **Quais palavras evitar?**
- **Qual sentimento ou emoção deve transmitir?**

A partir dessas respostas, você com certeza vai conseguir montar algumas primeiras opções de nomes para, posteriormente, testar com o seu público-alvo. E não se esqueça de verificar se o nome escolhido pode ser registrado e, claro, fazer o registro no INPI (Instituto Nacional de Propriedade Industrial).

TAGLINE

Os elementos da identidade verbal evoluem para atender às necessidades comunicativas do mercado. Além do nome, agora temos *tagline*, slogan, mensagens de marca, mote, manifestos, entre outros.

A *tagline* é uma sentença curta, de poucas palavras, que resume a essência, os valores ou a proposta de valor de um negócio. É associada à identidade da marca e deve ser permanente, ou seja, não fica mudando todo ano nem conforme as campanhas de marketing. Ela revela o posicionamento da marca no mercado e está sempre acompanhada do nome e da marca gráfica.

Nem todas as marcas têm uma *tagline*. Mas, acredite, se você criar uma que realmente define o seu negócio e que seja memorável, avançará várias casinhas no entendimento e na memória do público, pode confiar em mim. Se eu disser, por exemplo, "Abra a felicidade", você sabe que estou me referindo à Coca-Cola; "*Just do it*", sabe que me refiro à Nike; "Feito de futuro", Itaú.

Mas então a *tagline* é para sempre? Não, mas ela só vai passar por mudanças quando alguma coisa no posicionamento da marca mudar também. Personalidade, entregas, atributos, narrativa... O Itaú,[40] por exemplo, passou por um rebranding no final de 2023, em comemoração aos seus 100 anos de existência, e mudou a logomarca, atualizou a paleta de cores e o estilo da tipografia e, principalmente, alterou a *tagline* de "Feito com você" para "Feito de futuro". E, bom, o que estava por trás desta mudança?

Bem, o banco centenário sempre fez questão de trazer o cliente para perto, por isso enfatizou por décadas o "Feito com você" – antes, inclusive, era "Feito para você". Só que o Itaú é um jovem senhor, de um século de vida, e está vendo os bancos digitais se tornarem cada vez mais relevantes e presentes na vida das pessoas, principalmente na dos mais jovens. Então, o novo conceito fala de mudança e permanência ao mesmo tempo. Há coisas que ficam e há coisas que mudam, conforme mudam os tempos e as pessoas.

A palavra *feito* foi mantida assim, conjugando o verbo no passado, talvez para simbolizar a permanência. Ao mesmo tempo, o verbo no passado foi associado com a palavra *futuro*, uma incongruência que faz sentido com a história da marca. O Itaú já era feito para as pessoas, depois com as pessoas e, sendo um banco idoso de cem aninhos, é feito de muita gente e muitas coisas. Mas também tem um futuro todo pela frente – ao menos é nisso que os estrategistas quiseram fazer a gente acreditar.

Podemos entender que a empresa está de olho em um público mais jovem, mais conectado, talvez os clientes dos bancos digitais. No fim, a nova *tagline* diz para a gente: somos o mesmo banco, mas estamos diferentes *por* você.

A *tagline* pode ser criativa ou descritiva, vai depender da estratégia da marca e do posicionamento. Pessoalmente, para marcas pessoais, prefiro as *taglines* descritivas, pois acredito que fica mais simples e fácil o cliente entender o que o profissional faz e entrega. A minha, por exemplo, é "Cibele Costa: Estrategista de branding verbal". Para

40 ITAÚ. *Feito de Futuro*. Itaú. Disponível em: https://www.itau.com.br/feito-de-futuro. Acesso em: mar. 2024.

outros profissionais, poderia ser algo bem direto e claro, como "Marina Corrêa: Design e arquitetura de luxo"; "Rodrigo Sanches: Médico especialista em longevidade".

Entretanto, nada impede uma pessoa de ter sua marca associada a uma *tagline* que informa a proposta de valor. Exemplo de *taglines* desse tipo que defini para alguns clientes são: "Érica Lucchi: Novos começos para mulheres"; "Priscilla Camilo: Negócios digitais para terapeutas inteiras".

E se está na hora de você criar uma *tagline*, como fazer isso? Bom, revisite todo o processo de branding verbal e identifique:

- **Qual é o principal valor a ser comunicado?**
- **Qual é o público principal?**
- **Qual abordagem ou experiência da marca é única e diferenciadora?**
- **Quais palavras são memoráveis e impactantes?**
- **Qual é o melhor jeito de descrever o que a marca é ou faz e para quem faz?**
- **Como posso reduzir tudo isso para três ou quatro palavras?**

Não se esqueça de compartilhar os resultados comigo nas redes sociais, eu vou adorar!

SLOGAN

Para começar, qual é a diferença entre *tagline* e slogan? Há várias correntes de pensamento sobre esse tema, mas, da forma como trabalho, a *tagline* é algo permanente, ligada ao branding, ao posicionamento, aos valores e à narrativa de uma marca. Já o slogan é uma frase de efeito que comunica um momento da marca. É geralmente criado pela equipe de marketing, está relacionado a uma campanha e pode mudar mais facilmente conforme os objetivos do negócio em cada período. Mas há casos em que slogans pegam tanto que se tornam *taglines* permanentes. Em termos estilísticos, pode ser uma frase mais longa que a da *tagline*.

Para resumir em outras palavras, a *tagline* vende a marca, o slogan vende o produto da marca.

Há também slogans periódicos, definidos conforme a época do ano. A Heineken,[41] por exemplo, que no Brasil decidiu se chamar de Verdinha, tem vários slogans de campanhas diferentes, como: "Por um mundo mais leve", "A mágica da Heineken", "150 anos de bons momentos", "Nem toda rodada é lá fora" (este último para promover a campanha do beber em casa, numa rodada on-line com os amigos).

Ao criar uma campanha ou um evento de lançamento, é bom ter um slogan forte para atrair a atenção do público e promover engajamento. Para isso, é preciso levar em conta:

- **A narrativa central da marca.**
- **O momento em que a campanha será lançada.**
- **A criatividade para tornar a frase memorável.**

E atenção: não basta apenas ser criativo. Eu gosto de dizer que é sempre preferível ser claro do que hipercriativo. Os melhores slogans são curtos, fáceis de lembrar, simples e comunicam exatamente o que precisam comunicar, como o exemplo "150 anos de bons momentos", da Heineken.

Não se esqueça também de que o slogan não pode contrariar o posicionamento geral da marca. Ele deve ser coerente com a identidade verbal. Caso contrário, vai gerar mais confusão e menos resultado. Para facilitar a criação, estude o momento atual da marca e responda:

- **Qual é o contexto ou momento em que o slogan será usado?**
- **Qual é o objetivo dessa comunicação?**

---

41 HEINEKEN BRASIL. *Página inicial*. Heineken Brasil. Disponível em: https://www.heinekenbrasil.com.br/. Acesso em: mar. 2024.

- **Quem vai interagir com o slogan?**
- **Quais benefícios o público vai obter?**
- **Qual frase de impacto pode comunicar tudo isso, alinhada com o posicionamento da marca?**
- **A partir das primeiras ideias, teste e adapte!**

MENSAGENS DE MARCA

Slogan e *tagline* são mensagens de marca, e são as mais importantes porque se destacam ao lado do nome, da marca gráfica ou falada, e estão sempre à frente das campanhas importantes. Mas, no mundo digital de hoje, outras mensagens podem e devem ser elaboradas para dar mais consistência à narrativa e reforçar o posicionamento em vários contextos, ambientes, canais e com os diferentes públicos do negócio.

Em um sentido amplo, as mensagens de marca são todas as comunicações pontuais que expressam e reforçam a narrativa do negócio. Já em um sentido mais prático, são todas as frases que expressam a visão, os valores e as crenças da marca para o seu público de interesse.

As mensagens ajudam a diferenciar a marca no mercado e a fortalecer a comunidade em torno dela. Para isso funcionar, entretanto, precisam ser recorrentes. Ou seja, não guarde as mensagens criadas no seu manual de identidade verbal em um arquivo esquecido no computador. Leve-as para o mundo, em todas as comunicações e em todos os canais.

Lembra-se dos exemplos da Natura e da Sallve? São empresas do mesmo segmento que vendem produtos com a mesma finalidade, mas para públicos diferentes. Por isso, as mensagens delas são diferentes. Enquanto Natura reforça que "O mundo é mais bonito com você", "Nossas escolhas por um mundo mais bonito", "Beleza livre de estereótipos" e "Nossa história é feita de cosméticos e relações", a Sallve prefere se comunicar dizendo "Cocriamos nossos produtos com milhares de pessoas", "Dá pra ser diferente? A gente acredita que sim" e que seus produtos são "Para a pele brasileira".

E como criar mensagens certeiras para reforçar o posicionamento? Considere os pontos a seguir:

- **O que o público precisa saber sobre a marca?**
- **O que a marca quer reforçar e pode repetir em vários canais?**
- **Existem bordões ou "frases de poder" já compartilhadas pela marca?**
- **Quais palavras devem ser reforçadas na comunicação?**

A partir das respostas, crie expressões curtas, simples e originais. As frases imperativas – aquelas que propõem uma instrução – funcionam bem como chamamentos para unir a comunidade.

UNIVERSO DE PALAVRAS

São escolhas importantes para a construção e gestão da marca. Mas, tão importante quanto as escolhas, são as recusas: identificar quais palavras ou expressões-chave serão proibidas.

Isso acontece por várias razões. Pode ser porque alguma palavra está muito batida no mercado, ou porque lembra o concorrente, ou porque pode gerar problemas no entendimento por parte do público, ou, ainda, porque é social e politicamente incorreta.

Eu acredito que algumas palavras ficam "cansadas" com o tempo. Coitadas, não é culpa delas, eu sei, mas sim do uso excessivo que se faz delas em alguns momentos. Dessa forma, elas ficam "enjoativas", e as pessoas se cansam delas a ponto de até esquecerem seu verdadeiro significado. Houve um tempo em que entraram nessa lista palavras e expressões como empoderamento, propósito, gratidão, ressignificar, protagonismo, pensar fora da caixa, pertencimento. Atualmente, vivências e icônico também estão caminhando para gerar tédio. E a lista é longa...

Inclusive, tem até uma pesquisa que comprova que palavras têm vida útil. Parece loucura, mas é verdade. Elas entram e saem de moda num ciclo meio estranho de catorze anos. Quem descobriu isso foram os cientistas Marcelo Montemurro e Damián Zanette.[42] Eles constataram que o fenômeno é social e que nós mesmos tiramos de circulação as palavras desgastadas após pouco mais de uma década. Isso acontece no português e em várias línguas, como inglês, espanhol, russo, italiano, alemão e francês. Então, para o profissional ou a empresa que quer se diferenciar, é importante ficar antenado nas "tendências negativas de palavras" e tirá-las de seu dicionário, pelo menos por um tempo – ou até terminar o ciclo de catorze anos.

No guia de identidade verbal da Simgular, exemplo que eu citei anteriormente, eu sugeri evitar as palavras "associação", "ajudar" e "socorrer", porque estão ligadas à noção de caridade, e essa é justamente a forma oposta a que a empresa do terceiro setor gostaria de ser associada. Por outro lado, no rol do universo de palavras que devem ser reforçadas e repetidas, encontramos as expressões "abraçar mais gente", "agir agora", "é possível fazer diferente", "conversa séria" etc., e as palavras acolhimento, apadrinhar, confiança, cooperação, despertar, inspirar, rede, transformação, entre outras...

O ponto-chave na hora de elaborar o universo de palavras é isto: verificar palavras e expressões que devem estar sempre na comunicação da marca e as que devem ser proibidas ou evitadas. Depois, documentar isso tudo para ser consultado sempre que preciso.

Temos mais um elemento da identidade verbal importante para explicar, mas ele é tão importante que vai ganhar um capítulo próprio: o manifesto.

---

42 VAIANO, B. As palavras entram e saem de moda num ciclo misterioso de 14 anos. *Revista Galileu*, 7 dez. 2016. Disponível em: https://revistagalileu.globo.com/blogs/estante-galileu/noticia/2016/12/palavras-entram-e-saem-de-moda-num-ciclo-misterioso-de-14-anos.html. Acesso em: mar. 2024.
A pesquisa pode ser encontrada em: MONTEMURRO, M., ZANETTE, D. Coherent oscillations in word-use data from 1700 to 2008. *Palgrave Commun 2*, 16084 (2016). Disponível em: https://doi.org/10.1057/palcomms.2016.84. Acesso em: mar. 2024.

E AS MARCAS PESSOAIS?

Como reforcei ao longo do livro, tudo o que você viu até aqui é aplicável em marcas corporativas e também em marcas pessoais. Mas existe um ponto que merece atenção em relação a esse segundo grupo: enquanto a identidade verbal de empresas a gente cria, a identidade verbal das pessoas a gente identifica, desenvolve, lapida e melhora.

O que isso significa?

Falamos desde o início que marcas empresariais se comportam como pessoas, certo? Elas têm personalidade, estilo, jeito próprio de falar e se expressar nos mais diversos canais. Mas essas definições são criadas. Pessoas do time de branding, marketing e comunicação fazem as diversas análises ensinadas aqui e escolhem a melhor forma de se comunicar com o público. Escolhem se a marca será séria ou divertida, engajada em causas sociais ou mais alheia a factuais, se jovem ou madura, se vai se expressar de um jeito informal ou elaborado, e por aí vai.

Já para as marcas pessoais, isso não funciona dessa forma. O estrategista de branding verbal precisa ter conhecimento e sensibilidade para identificar como a pessoa é e, portanto, o quê e como ela vai se expressar.

Esse é um processo quase terapêutico, inclusive. Ajudar alguém a olhar para si, para a sua profissão, se lembrar do porquê começou e por que faz o que faz, evoca sentimentos e emoções. É preciso ter muita responsabilidade e consciência aqui. A identidade verbal de marcas pessoais é sobre a identificação de padrões linguísticos e de personalidade que, muitas vezes, a pessoa nem se dá conta. Ao mesmo tempo, a comunicação desse profissional passa por um processo de melhoria e lapidação, definindo diretrizes para expressar o melhor de si e aproveitar sua narrativa de vida e histórias pessoais para se diferenciar no mercado.

Se você estiver trabalhando para uma marca pessoal, tenha verdadeira empatia. Tente enxergar o mundo com os olhos do seu cliente, dispa-se de seus *pré-conceitos* e evite levar a sua própria visão para a marca da pessoa. Tomando esse cuidado, utilize o mesmo método ensinado aqui para identificar a identidade verbal pessoal.

CAPÍTULO 13: O MANIFESTO DE MARCA

Em 1517, um monge agostiniano chamado Martinho Lutero afixou nas portas do Castelo de Wittenberg, na Alemanha, um papel com as famosas 95 Teses. Essas teses eram 95 argumentos contrários à prática da indulgência pela Igreja Católica, que trocava bens ou quantias de dinheiro por perdão de pecados. Era o que o monge chamava de "negociação da salvação".

Se você não faltou às aulas de História e se sua memória for boa, deve saber que esse ato desencadeou a Reforma Protestante, promovendo uma cisão na igreja e impactando a política e a sociedade da época. Foi sob influência dessa ação que alguns regimes se tornaram estados nacionais modernos, como o inglês, o holandês e o estadunidense. A Reforma também deu início a guerras civis, incendiou a contrarreforma e vários outros movimentos.

Hoje, existe um debate se Lutero foi realmente o autor das 95 Teses, mas a ação de dar visibilidade a elas – que eram enfáticas ao condenar as cartas de indulgência e ao propor outro meio de viver a religiosidade – foi uma espécie de manifesto de intenções por uma nova ordem religiosa. E esse manifesto foi o responsável por provocar mudanças antes inimagináveis.

Estou narrando esse momento histórico para dizer que, da mesma forma, **os manifestos de marca poderosos conseguem mobilizar pessoas para, mais do que se conectarem ao negócio ou ao profissional, se engajarem em um movimento muito maior que a marca ou até que elas mesmas.**

As marcas constroem confiança por meio de seus comportamentos – que, por sua vez, devem se basear em princípios claros. Esses

"OS MANIFESTOS DE MARCA PODEROSOS CONSEGUEM MOBILIZAR PESSOAS PARA, MAIS DO QUE SE CONECTAREM AO NEGÓCIO OU AO PROFISSIONAL, SE ENGAJAREM EM UM MOVIMENTO MUITO MAIOR QUE A MARCA OU ATÉ QUE ELAS MESMAS."

princípios dão vida ao propósito e estabelecem diretrizes claras que orientam as ações da marca. Quando tudo isso se junta em um manifesto bem elaborado, ele se torna um documento inspirador da visão de mundo daquela organização.

No início de 2022, recebi um recado no WhatsApp da Karen, uma cliente e hoje amiga, para quem eu havia escrito um manifesto de marca para sua recém-criada consultoria em recursos humanos. A empresa trazia uma proposta diferente de trabalhar a cultura organizacional e o desenvolvimento de líderes de modo totalmente holístico, integrando todas as pessoas no processo e humanizando as relações de trabalho. Um trabalho muito bonito e, de certa forma, rebelde, por contrariar as práticas corporativas "estabelecidas". Essa filosofia nasceu da experiência da Karen, que há mais de vinte anos atua em grandes corporações, mas essa foi a sua primeira aventura empreendedora.

Voltando à mensagem, era um áudio em que a Karen dizia: "Preciso te contar uma coisa! Há mais de um ano e meio estávamos sondando as Lojas XX e nada de fecharmos contrato. Daí, pedi demissão e agora fui até lá apresentar a minha consultoria. Eu disse assim à diretora: 'Melhor do que explicar o que eu faço, é te mostrar o nosso manifesto'. Então, eu exibi o texto do manifesto no slide da apresentação e, na hora, ela disse: 'Não preciso saber de mais nada, já entendi o seu propósito e a sua empresa, está tudo claro nesse manifesto. Quero vocês!'. Acredita nisso?".

Sim, acredito. Pois um bom manifesto de marca tem esse poder. Ele encurta caminhos para o entendimento, derruba as portas e entra suave na mente do público. É um texto que conecta as pessoas em nível visceral e tem um impacto tremendo por meio das palavras escolhidas e da emoção gerada.

Gosto de dizer que é um suspiro poético no meio da estratégia de comunicação, uma declaração de paixões, um lembrete do porquê aquela pessoa ou empresa faz o que faz. **Em poucas frases, revela as profundezas da alma da marca e convida o público a fazer parte de um movimento. Não tem a intenção de converter na hora, mas de cativar pela emoção.** No entanto, já cativadas e impactadas pelo manifesto, as pessoas ficam mais propensas a dar atenção às ofertas. Pode ser poético, dramático ou contundente e enérgico, o importante é que respeite a personalidade, a voz da marca, o tom de voz e a linguagem.

A grande diferença entre o manifesto e os textos institucionais, publicitários ou de conteúdo informativo é esta: ele não tem a intenção de vender naquele momento. Não é sobre o produto ou serviço que a marca oferece; é sobre uma causa, uma visão de mundo, uma missão. É sobre a alma daquela empresa, é uma bandeira erguida com coragem em forma de palavras.

Veja, como exemplo, o manifesto da Nike,[43] em tradução livre:

"NÓS SOMOS O QUE ACREDITAMOS

Fundamos e construímos uma empresa inteira com base nessa ideia. E acreditamos em ajudar CORREDORES – corredores rápidos, corredores lentos, corredores pesados, corredores magros, corredores de longa distância e velocistas. Acreditamos em ajudar corredores de média distância também. E corredores do Quênia, do Japão, de Oklahoma e de todos os cantos deste planeta. Acreditamos na magia de Hayward Field. Acreditamos em longas corridas de domingo. Acreditamos que fazer vinte quartos em menos de setenta segundos ainda é um bom treino. Acreditamos em corridas de ritmo e *fartlek*. Acreditamos que os *joggers* são corredores. Acreditamos em corridas de *cross-country*.

Acreditamos em competições escolares de terça-feira à tarde. Acreditamos no atletismo profissional. Acreditamos que correr é terapia. Acreditamos que o cheiro do tiro de partida é afrodisíaco. Acreditamos que o ácido láctico faz bem para você. Acreditamos que o seu melhor nem sempre é um recorde pessoal. Acreditamos em conhecer o percurso e correr sem rumo. Acreditamos que isso deve ser divertido. Acreditamos em correr no escuro, no frio, no calor, na umidade, na chuva e na neve como parte do processo.

Acreditamos em tirar um dia de folga. Acreditamos em cometer erros e aprender com eles. Acreditamos que a inovação é o oxigênio da nossa marca. Acreditamos em testar, retestar, testar o desgaste, testar em

43 NIKE. *Sobre a Nike*. Nike. Disponível em: https://about.nike.com/en. Acesso em: mar. 2024.

nossos cônjuges e testar em porquinhos-da-índia super-rápidos. Acreditamos no gênio de Bowerman [um dos fundadores da marca] e no espírito de Pre [referência a Steve Prefontaine, um lendário corredor de longa distância dos Estados Unidos].

Acreditamos que NÃO HÁ LINHA DE CHEGADA. Acreditamos em você. APENAS FAÇA ISSO. CORRA."

Perceba que a palavra tênis, o principal produto da marca, sequer aparece no texto! Também não há nenhuma chamada para comprar nada da Nike. Trata-se de uma manifestação de intenções, de crenças, de propósito. E, por isso mesmo, é um texto que inspira e posiciona a marca.

Nem todas as empresas ou profissionais precisam de um manifesto. Antes de tentar produzir um texto como esse, é preciso se certificar de que a marca realmente tem algo a manifestar. Caso contrário, pode soar falso, piegas e exagerado.

E marcas pessoais também podem ter um manifesto? Claro! O da escritora Brené Brown, autora de *A coragem de ser imperfeito* (Sextante, 2016) é perfeito! Veja a seguir, em tradução livre:

"MANIFESTO DOS BRAVOS DE CORAÇÃO PARTIDO

Não há ameaça maior para os críticos, cínicos e semeadores de medo do que aqueles que estão dispostos a cair. Porque aprendemos como nos levantar com os joelhos esfolados e os corações machucados; escolhemos possuir nossas histórias de luta, em vez de esconder, de fingir. Quando negamos nossas histórias, elas nos definem. Quando fugimos da luta, nunca estamos livres. Então nos voltamos para a verdade e a encaramos.

Não seremos personagens em nossas histórias. Não vilões, não vítimas, nem mesmo heróis. Somos os autores de nossas vidas. Escrevemos nossos próprios finais audaciosos. Criamos amor a partir da desilusão, compaixão a partir da vergonha, graça a partir da decepção, coragem a partir do fracasso.

Estar presente é nosso poder. A história é o nosso caminho de volta para casa. A verdade é nossa canção. Somos os corajosos de corações partidos. Estamos nos erguendo com força."

COMO ESCREVER UM MANIFESTO?

Mesmo redatores experientes às vezes tremem nas bases quando se veem diante do desafio de escrever um manifesto. Eu penso assim: se o trabalho de branding verbal foi bem-feito, as palavras e as emoções já estão todas ali, só é preciso organizá-las em um texto curto e preciso.

Se o objetivo é gravar um vídeo com o manifesto, tente que a edição não passe de um minuto e meio ou dois minutos, no máximo. Mais que isso, não vai ser um manifesto, será um vídeo institucional.

Por regra, não há regras para se escrever um manifesto. Ele deve ser absolutamente original, autêntico e revelar os porquês da marca. Só que dicas são sempre bem-vindas, certo? Então seguem alguns elementos para ajudar você a se organizar para escrever:

Comece pelo porquê: por que sua empresa existe? Por que faz o que faz? Por que faz assim e não de outro jeito?[44]

Imagine um mundo diferente: os manifestos verbalizam uma visão de como o mundo poderia ser. Para a sua marca, como é esse mundo? Para descobrir, anote tudo o que você não gosta sobre como as coisas estão no momento. Depois, inverta a ordem: liste tudo o que você acha que deveria ser diferente.

Solte o seu grito de guerra: um manifesto de marca não é uma declaração fofa ou amena. Tem energia, tem força! Abrace toda a sua indignação e ouse com as palavras. Em uma primeira versão, solte toda a raiva e mescle com o compromisso do negócio, a esperança de mudança, a excitação de um sonho a ser compartilhado. Depois, você pode revisar e lapidar o texto, mas, na primeira vez, apenas deixe-o sair do jeito que for.

Use histórias: você vai atrair as pessoas se contar histórias com as quais elas realmente se importam, mas não deixe de mostrar que a sua marca também se importa com essas pessoas. Para isso, é necessário conhecer muito bem o seu público.

---

44 Simon Sinek, o autor de *Comece pelo porquê* (Sextante, 2018), pode ajudar você com isso. Confira a palestra dele do TED Talks, disponível no YouTube, em: https://www.youtube.com/watch?v=SAJyyl5jTpo. Acesso em: mar. 2024.

Estimule a imaginação: use palavras que envolvam as pessoas e despertem emoções. O objetivo é inspirar uma ação e fazê-las imaginarem um presente ou futuro diferente. Então não tenha medo de usar a linguagem poética e não se esqueça do ritmo. Vale se utilizar das figuras de linguagem, como aliteração e metáfora.

Para finalizar: mantenha uma voz ativa e coerente com a comunicação da marca, de forma a transmitir energia e sensação de pertencimento.

Para ajudá-lo ainda mais nessa tarefa de escrever *O* manifesto, aquele que você mesmo vai se emocionar cada vez que ler, aquele que vai fazer o público se encantar pela sua marca, seguem mais algumas orientações de como eu faço quando estou criando um texto assim.

Depois de fazer uma espécie de *brainstorm* comigo mesma, jogando todas as ideias no papel sem censura, eu escrevo uma primeira versão. É algo bem básico mesmo, sem grandes pretensões. Depois, gosto de deixar as palavras descansarem, e só no dia seguinte volto para ler novamente.

A partir dessa leitura, reescrevo. Nunca fico contente com a primeira versão. Tiro o que acho estar sobrando e também os elementos de ligação das frases em excesso, como os "que", "afinal", "mas", "e" e também artigos definidos e indefinidos dispensáveis. Revejo a ordem, troco palavras, busco sinônimos e metáforas em dicionários e, às vezes, gosto de usar rimas.

Leio em voz alta. Percebo o ritmo das frases e, mais uma vez, reescrevo se for preciso. Acredito que o texto precisa alternar frases curtas, longas, curtíssimas, médias e outras mais longas ainda, sem esquecer as pausas. Penso sempre que o manifesto vai ser gravado em áudio ou vídeo.

E, por fim, releio uma última vez. Checo se o texto contém todos os elementos importantes para a marca e, se eu estiver satisfeita, apresento para o cliente.

Vou deixar aqui mais dois exemplos de manifesto, estes escritos por mim. O primeiro é o da minha empresa, a Pedra Palavra.

"MANIFESTO PEDRA PALAVRA

O texto que marca para a marca que toca, que importa e que se importa.

Buscamos o fio da meada para dar vida e cor de fim de tarde às melhores histórias.

De pedras e palavras, construímos caminhos.

Aqui a pedra se faz ponte para o horizonte de um horizonte com propósito.

E se faz estrada, com palavras firmes, para levar aos lugares onde a conexão acontece.

Tocar na alma, vender sem apelo nem exagero.

Erguer pontes que atravessam o outro, derrubar muros que limitam a criatividade.

É nisso que acreditamos!

Na nossa terra, pedra e palavra nunca machucam.

Só constroem e levantam.

Pedra sobre pedra, palavra por palavra.

Em narrativas que marcam."

O outro exemplo é o manifesto criado para a Karen, de quem falei no início deste capítulo.

"MANIFESTO PARA HUMANECER

Em cada empresa, grande ou pequena, que a gente ia, víamos que coisas, números, máquinas, cifrões estavam na frente de PESSOAS. Não que isso não seja importante, mas... quem é mesmo que faz tudo isso?

No vai e vem frenético de gente sempre apressada, sempre atrasada para entregar o relatório, o plano, a planilha, o resultado, o modo ocupado virou grife. Ter *burnout* é quase símbolo de *status*. Se eu não vivo à beira de um ataque de nervos, não estou fazendo meu trabalho direito.

Mas o mundo mudou. Ainda bem!

As pessoas estão mudando...

As pessoas estão humanecendo. Voltando-se para o que faz sentido, entendendo que não há dicotomia entre pessoas felizes e resultados. Aliás, gente feliz produz mais e melhor.

A gente quer ajudar o mundo a humanecer. A lembrar do que é, de verdade, ser humano. Trazer humanidade e simplicidade para as relações de negócio. Sem descuidar da estratégia, e cuidando de quem faz todas as engrenagens girarem.

Se você acredita nesse mundo novo, em que o trabalho pode ser leve, vem com a gente! Pode se sentar à vontade, pegue a sua xícara de café e bora fazer diferente."

CAPÍTULO 14:
O SEU ROTEIRO DE VOZ DE MARCA

Ao longo deste livro eu reforcei muito que criar a sua identidade verbal é um trabalho que exige paciência, pesquisa, testes e muito conhecimento. No final, eu garanto, todo esforço vale a pena e traz resultados valiosos.

Como eu quero que você comece o quanto antes a estruturar a sua voz, preparei aqui um roteiro prático, simples e aplicável desde já, para que escreva as diretrizes de voz de marca agora mesmo.

Esta é uma versão reduzida para você não ter desculpas ou deixar de aplicar.[45] Pode escrever nas próximas páginas, ou copiar e colar os exercícios em um caderno ou arquivo de texto no computador. Tanto faz a plataforma, o importante é começar. Se, no entanto, você quiser desenvolver o seu guia de identidade verbal completo, siga todos os passos de cada capítulo deste livro ou não se acanhe em me procurar. Podemos trabalhar juntos na sua marca, por que não?

Agora, vamos ao roteiro. Existem seis elementos que precisam ser levados em conta ao se definir a voz de uma marca. São eles: o público, a personalidade, a emoção, o tom, a linguagem e os objetivos.

1. PÚBLICO

Para serem ouvidas e se destacarem na multidão, as marcas precisam primeiro ser facilmente lembradas. E é muito mais fácil nos lembrarmos de algo quando esse algo fala conosco diretamente, em uma linguagem que entendemos.

45 E eu convido você a conhecer o meu site e a consultoria completa: https://pedrapalavra.com.br/.

O primeiro passo para falar a língua do público é conhecê-lo muito bem. Então, pesquise, converse com seus clientes, e escreva a seguir:

Quem é o seu cliente ideal?

Idade: ______________________________

Gênero: ______________________________

Onde mora: ______________________________

Ocupação: ______________________________

Hobbies: ______________________________

Quais metas quer alcançar: ______________________________

____

Quais problemas enfrenta: ______________________________

____

Como você pode ajudar a resolver esses problemas? __________

____

No que ele mais precisa de você? (*Exemplos: orientação, inspiração, entretenimento, ajuda pontual para algo etc.*)

____

2. PERSONALIDADE

Se a marca tem personalidade, o público vai enxergá-la a quilômetros de distância – especialmente se você estiver construindo uma marca pessoal. Isso vale também para empresas, sejam de qual tamanho for. Quando elas têm um jeito próprio e facilmente identificável de se comunicar, isso provoca a sensação de proximidade e ajuda a construir relacionamento com o público.

Então, escreva:

O que inspirou o fundador a começar o seu negócio? __________

____

Qual é a missão da marca? Qual é o motivo para continuar dia após dia? ______________________________

____

Quais são os valores inegociáveis? ____________________

____

Como pessoas próximas descreveriam a personalidade da marca? ____________________

____

Existe uma causa ou bandeira muito forte a ser defendida?

____

Existe algo no mercado com que a pessoa ou empresa não concorda e gostaria de mudar? ____________________

____

Por fim, o que essa marca não é? (*Liste todos os valores e traços de personalidade que você não quer que sejam associados à sua marca. Por exemplo: "Minha marca não é elitista e não quer passar a impressão de ostentação" etc.*) ____________________

____

3. EMOÇÃO

Se o público não sente nada ao entrar em contato com a marca, como espera que comprem seus produtos e serviços? Por isso, escreva:

Como você deseja que o público se sinta ao entrar em contato com a marca? ____________________

____

Quais problemas internos, aqueles que vão além da necessidade aparente do público, seus produtos e serviços ajudam a resolver? (*Exemplo: se você vende colchões, não resolve apenas o problema de ter um lugar para dormir, mas os benefícios de uma boa noite de sono para a qualidade de vida etc.*)

____

____

Como você espera que as pessoas se sintam depois de conhecer suas soluções? (*Exemplos: produtivos, calmos, relaxados, energizados, chiques etc.*) ____________________

____

4. TOM DE VOZ

O tom é a forma como a sua comunicação se adequa aos diferentes meios, contextos, pessoas, ambientes e canais. Defina a seguir como você espera que a marca seja em situações e lugares determinados (*Exemplos: sarcástica, engraçada, séria, empática, direta etc.*).

Nas redes sociais: ______________________________

No site: ______________________________

Nos e-mails: ______________________________

Nas conversas diretas: ______________________________

Em apresentações formais: ______________________________

Outras plataformas: ______________________________

5. LINGUAGEM

A linguagem é a forma que suas palavras tomam quando estão juntas, em frases e textos. Uma linguagem única e compartilhada traz consistência e personalidade para a comunicação. Além disso, ajuda a construir comunidade quando está perfeitamente alinhada com a cultura das pessoas com quem você quer se comunicar. (*Exemplo: se a marca é jovem e fala com esportistas, você deve pensar em um estilo de comunicação mais informal, com uso de gírias conhecidas pelas pessoas dessa tribo.*)

Como deve ser a sua linguagem da marca? ______________________________

____

____

Existem algumas palavras, frases ou gírias que você vai reforçar nas suas mensagens? ______________________________

____

____

Existem palavras, frases ou gírias que você não vai usar de jeito nenhum? ______________________________

____

____

“É TAMBÉM ESSENCIAL ESTAR SEMPRE EM MOVIMENTO. TESTAR, ERRAR, CORRIGIR. ATÉ TER A CLAREZA DE TER ABRAÇADO UMA VOZ DE MARCA E UM POSICIONAMENTO BEM DEFINIDO. NESSE MOMENTO, A SUA MARCA SERÁ LEMBRADA COMO ÚNICA E ESPECIAL!”

6. OBJETIVOS

Antes de escrever qualquer texto ou conteúdo para a marca, pergunte-se:

Qual é o meu propósito com este texto? ____________

____

____

Por que estou escrevendo isso? ____________

____

____

Quais mensagens quero reforçar ou combater? ____________

____

____

LEMBRETE FINAL!

A voz da marca é única, mas o seu tom de voz varia conforme o meio, o canal de divulgação, o momento social e até a emoção do público. Ela deve refletir a personalidade da marca sem deixar de considerar as pessoas com as quais quer se relacionar.

Entretanto, conforme a marca cresce, adaptações devem ser feitas. Os valores, os princípios e as crenças se mantêm, mas o mundo muda e a sociedade também. Então, a linguagem da marca precisa se adaptar a tudo isso.

Se tudo isso parece assustador e difícil, não se preocupe. Você está definindo as bases de uma comunicação de marca agora e, com o tempo, vai ficar mais fácil. Tenho certeza de que, com prática, você vai saber exatamente o quê e como dizer, com confiança, para adotar um estilo único e inconfundível.

O importante é sempre ser fiel aos próprios valores. É isso que gera senso de pertencimento e traz paz e tranquilidade na jornada profissional, pois a marca seguirá o caminho do propósito que definiu, e isso dá forças para não desestabilizar nas crises.

É também essencial estar sempre em movimento. Testar, errar, corrigir. Até ter a clareza de ter abraçado uma voz de marca e um posicionamento bem definido. Nesse momento, a sua marca será lembrada como única e especial!

O caminho para desenvolver uma identidade verbal forte, reconhecível e única não acaba aqui. Finalize a nossa jornada gamificada e teste os conhecimentos adquiridos ao longo da leitura e dos exercícios. Ao final, veja quantos pontos você acumulou e quais prêmios estão esperando por você!

https://bit.ly/cadapalavraimporta7

O MUNDO QUER OUVIR VOCÊ

"Palavra, palavra
(digo exasperado)
se me desafias,
aceito o combate."
– "O lutador", Carlos Drummond de Andrade

Entreguei a você neste livro meu cérebro, meu coração e minha alma. Meu lado jornalista, prático e desconfiado que não se contenta com o fato aparente, que quer conhecer as minúcias, todas as possíveis versões, as provas e as contraprovas. Por isso, eu trouxe embasamento, pesquisas e dados que comprovam o poder das palavras.

Já o meu lado artesã das palavras não despreza a intuição. Entende que é preciso se afastar para ver melhor. Aguçar a vista, estreitar a retina, apurar o olhar para enxergar o que não se mostra à primeira vista. É para enxergar o que está ali, na cara, mas nossos julgamentos e medos não nos deixam ver. E, depois, deixo as palavras chegarem do jeito que elas são. Não as julgo, as recebo. Eu me aproximo delas e, na minha mente, começamos a cantar e dançar juntas. E, assim, elas brilham!

Palavras podem dar vez às lágrimas ou escancarar o riso. Podem ser a saudade de quem vai e o alento de quem fica. Mas, para ganharem vida, as palavras precisam de regência. É como em uma orquestra. Sob o comando do maestro, elas se unem para transmitir uma intenção: a de quem fala ou escreve. Se você as deixa deslizar como acordes de uma canção, elas ganham vibração, potência e permanência. Quando acabam, não acaba. Continua, retumba, ressoa. É assim que a comunicação de qualquer pessoa e também a das marcas se torna encantante.

"COMO TODO BOM LIVRO, VOCÊ NÃO NASCEU PRA FICAR EMPOEIRANDO NA ESTANTE. NASCEU PRA SER LIDO, LEMBRADO, ADMIRADO. TEM MUITA GENTE QUE VAI GOSTAR DE LER E OUVIR O QUE VOCÊ TEM A DIZER."

Encerrando este livro – confesso que já com uma saudade grande dos momentos em que passei escolhendo palavras, revendo frases, revisando capítulos –, deixo uma mensagem para você que quer deixar uma marca gravada no mundo.

Imagine que você é um livro. Um livro que contém muitas histórias de todos os tipos. Histórias que se somam, se sobrepõem, se entrelaçam. Toda a sua existência é formada por vários pedaços de tramas que, juntas, compõem a sua narrativa. **Como todo bom livro, você não nasceu pra ficar empoeirando na estante. Nasceu pra ser lido, lembrado, admirado. Tem muita gente que vai gostar de ler e ouvir o que você tem a dizer.**

Agora imagine que o seu negócio é você. É uma extensão do seu corpo, da sua mente, do seu coração. Ele foi construído com pedaços seus – o suor, as lágrimas, os risos, as dores, o sangue e os sonhos. Ele é um capítulo importante da sua obra, e também precisa das palavras exatas garimpadas para servir de ponte para o encontro com o outro: as pessoas que você afeta, ajuda, lidera e transforma.

A verdade é que, tantas vezes, não temos a dimensão exata do impacto positivo que podemos causar na vida dos outros. Para isso, precisamos das palavras. É a palavra que materializa o sentimento, dá vida ao pensamento, cria ideias que, por sua vez, mudam o mundo.

Eu sei, às vezes elas nos faltam. Palavras voam como borboletas ao vento. E é por ser difícil capturá-las que proponho neste livro esse passo a passo, para que o seu caminhar na estrada de encontrar palavras que revelam a alma das marcas seja mais leve, e para que a linguagem e a narrativa encontradas ressoem com outras pessoas que também estão na mesma jornada.

Porém, tenha consciência de uma coisa: quase sempre é o medo que estraga tudo. Por medo, a gente deixa de fazer muita coisa. A gente se torna igual por medo de ser diferente. Nos negócios, ele paralisa ou pasteuriza nossas entregas – o que dá (quase) no mesmo.

Como eu disse lá no prólogo, é preciso coragem para empreender e ser diferente. É preciso se despir um tanto, mostrar-se por inteiro, falar o que pensa, construir relações por meio de palavras, vender com verdade e ser bem remunerado no processo, porque toda revolução precisa ser financiada.

Espero ter incentivado você a buscar uma voz de marca forte e poderosa, uma narrativa encantante e uma linguagem expressiva e reconhecível. Espero ver você colocar tudo isso em prática logo após fechar este livro.

Lembre-se: as pessoas estão querendo dialogar. Esteja preparado para essa conversa! Antes de comprar qualquer coisa hoje em dia, o público quer se aproximar de suas marcas preferidas. Quer entender os valores, o posicionamento, a personalidade, quer se sentir parte da conversa. E quem vai conduzir esse diálogo? VOCÊ!

Para a sua marca crescer, amplie os espaços de diálogo com o seu público, como as redes sociais, o site, o blog, os e-mails, o WhatsApp, o contato telefônico e tantos outros. Faça isso e veja como as pessoas se juntarão a você nesse processo.

Se não quer desperdiçar dinheiro em marketing fazendo tudo igual a todo mundo, se deseja criar uma comunidade em torno da sua marca, construir fidelidade, contar a sua história, dizer o que faz com clareza e ser memorável, entenda que ter uma identidade verbal única, reconhecível e impactante é a única forma de se diferenciar e deixar um legado hoje em dia.

Quando a sua voz de marca não é reconhecida, você é como todo mundo. E ninguém se lembra de todo mundo. As pessoas se lembram de quem as marcou de alguma forma, de quem as fez se sentir bem, de quem as convidou para uma conversa amigável mesmo no ambiente digital.

Então, por meio das palavras, ajude as pessoas a imaginarem. Ajude-as a acreditarem. Esse é o marketing mais eficiente e acessível que existe.

"Procurei palavras bonitas,
encontrei inteiras verdades,
e escrevi na pedra."
– Cibele Costa